Johann Jacob Löwenthal

Das Londoner Schachturnier von 1862

Johann Jacob Löwenthal

Das Londoner Schachturnier von 1862

ISBN/EAN: 9783743693661

Hergestellt in Europa, USA, Kanada, Australien, Japan

Cover: Foto ©ninafisch / pixelio.de

Weitere Bücher finden Sie auf **www.hansebooks.com**

Das
Londoner Schachturnier
von
1 8 6 2.

Eine Sammlung
der bei dieser Gelegenheit gespielten Partien von
Andersen, Paulsen, Steinitz, Owen, Barness, Dubois u. A.
nebst den
gekrönten Preis-Aufgaben der Turniere von **London,
Bristol, Birmingham und Manchester.**

Nach der englischen Ausgabe
von
J. Löwenthal,
Secretair des Saint-Georgo-Clubs in London.

Aufgabe VI. von C. Bayer.

Weiss zieht und setzt mit dem 5. Zuge Matt.

Berlin 1864.
Verlag von S. Mode,
Poststrasse No. 28.

Green, Hannah, Mac Donnel, Mongredien, Loewenthal, Owen, Paulsen, Robey und Steinitz. Von diesen Spielern hatte Jeder mit Jedem eine Partie zu spielen. Das Resultat war folgendes:

						Preis.
Anderssen	gewann	11 Spiele	und	verlor	1.	100 L.
Paulsen	„	9 „	„	„	2.	50 „

(Paulsen verlor gegen Anderssen u. Dubois.)

Owen	gewann	7 Spiele	und	verlor	3.	30 „
Mac Donnel	„	7 „	„	„	4.	15 „
Dubois	„	6 „	„	„	2.	10 „
Steinitz	„	6 „	„	„	5.	5 „

2. Handicap-Wettkampf.

Ein Wettkampf, in dem die stärkeren Spieler den schwächeren Vorgaben machten.

Hier trug Herr Mackensie, einer der besten praktischen Spieler, dem Anderssen einen Bauer und Zug vorgab, den Sieg davon. Preis 60 L.

3. Problem-Turnier.

Der Plan war hier der, dass den Anfertigern vorzüglichen Schachaufgaben Preise für ihre Leistungen ertheilt werden sollten.

Für gewöhnliche Probleme
(Weiss zieht an und setzt im 3., 4. od. 5. Zuge Matt.)
trugen folgende Herren den Sieg davon.

	Preis.
Herr Conrad Bayer	20 L.
Plachutta aus Venedig	10 „

		Preis
Herr Novotny aus Croatien	5	L
M'Arthur aus Aberdeen	2½	„

Für Selbstmatt-Aufgaben.

Graf Penkracz	5

Für Studien.

Herr Horwitz	10

In diesem Werkchen ist eine Auswahl der besten ausgeführten Leistungen gegeben. Von den Partien konnten viele fortgelassen werden, die unter den schwächeren Spielern gewechselt wurden, in denen häufig ein starker Fehler die Entscheidung gab. Die Ansicht des Herausgebers war, dass langweilige und mattgespielte Partien, so wie fehlerhafte, in denen grobe Versehen den Ausschlag gaben, den Lesern nur geringes Interesse bieten könnten. Ausser den von Anderssen und Paulsen gespielten Partien verdienen namentlich die des Herrn Steinitz wegen ihrer glänzenden Combinationen hervorgehoben zu werden.

Die siegreichen Probleme enthält dies Büchlein vollständig, und bringt somit nach beiden Seiten hin das wesentliche Material des ganzen Turniers, das in den Annalen des Schachspiels wegen seines Reichthums der mannigfachsten Leistungen stets gefeiert werden wird.

Der Herausgeber benutzte die Gelegenheit dieser Veröffentlichung, um einige ausgezeichnete Partien, die ungefähr zur Zeit des Turniers von 1862 gespielt wurden, sowie die Preis-Probleme des Bristoler Turniers von 1857 und einige andere Turniere der kleinen Sammlung einzuverleiben.

Möge diese Auswahl daher zur Förderung des Interesses für ein so geistreiches Spiel beitragen und von seinen weitverbreiteten Verehrern willkommen geheissen werden.

1. Partie.

	Anderssen.	Paulsen.
	Weiss.	Schwarz.
1.	e2-e4	e7-e5
2.	S g1-f3	S b8-c6
3.	L f1-b5	S g8-f6
4.	d2-d3	d7-d6
5.	L b5 n. c6†	b7 n. c6
6.	h2-h3	L f8-e7
7.	S b1-c3	0-0
8.	0-0	S f6-e8

Mit diesem schwachen Zuge, der das undurchführbare f7-f5 beabsichtigt, beginnt die Stellung des schwarzen Spiels sich zu verschlechtern.

| 9. | d3-d4 | |

Die Widerlegung des vorigen Zuges des Schwarzen.

9.	. . . . . .	e5 n. d4
10.	S f3 n. d4	L c8-b7
11.	L c1-e3	d6-d5
12.	S d4-f5	L e7-f6
13.	L e3-c5	S e8-d6
14.	T f1-e1	T f8-e8
15.	D d1-g4	S d6 n. f5
16.	e4 n. f5	D d8-d7

17. D g4-f3   a7-a5

Um später a5-a4 zu spielen und den Thurm a8 in's Spiel zu bringen. Ein schwaches Manöver.

18. S c3-e2   a5-a4
19.   c2-c3   T a8-a5
20. L c5-d4   D d7-d6
21. S e2-g3   L f6-e5
22.   f5-f6   D d6 n. f6
23. D f3-h5   g7-g5

24. D h5-e2   D f6-h8

Hier konnte besser D f6-g6 geschehen, um dann mit f7-f6 die Figur zurückzugewinnen.

25. L d4 n. e5   f7-f6
26. D e2-h5   T e8 n. e5
27. T e1 n. e5   f6 n. e5
28. D h5-e8†   K f8-g7
29. S g3-f5† und gewinnt.

2. Partie.

Barnes.   Dubois.
Weiss.   Schwarz.

1.   e2-e4   e7-e5
2. S g1-f3   S b8-c6

3.	L f1-b5	S g8-f6
4.	d2-d4	S f6 n. e4
5.	d4 n. e5	L f8-e7
6.	0-0	0-0
7.	D d1-d5	S e4-c5
8.	L c1-e3	S c5-c6
9.	S b1-c3	a7-a6
10.	L b5 n. c6	b7 n. c6
11.	D d5-b3	d7-d5
12.	e5 n. d6	c7 n. d6
13.	S c3-a4	d6-d5
14.	T a1-d1	D d8-c7
15.	c2-c4	T a8-b8
16.	D b3-c2	d5 n. c4
17.	D c2 n. c4	c6-c5
18.	b2-b3	T b8-b4

Schwarz bemächtigt sich des Gegenangriffs mit Geschicklichkeit.

19.	D c4-c2	L c8-b7
20.	S f3-d2	L e7-d6
21.	g2-g3	T b4-g4
22.	f2-f4	S c6 n. f4
23.	L e3 n. f4	L d6 n. f4
24.	S d2-f3	L f4 n. g3
25.	K g1-h1	T g4-h4
26.	T d1-d2	D c7-f4
27.	D c2-d3	L b7-e4
28.	D d3-c3	L g3-e1
29.	T f1 n. e1	L e4 n. f3†
30.	K h1-g1	T h4-g4†
31.	K g1-f1	L f3-g2††
32.	K f1-e2	T f8-e8†
33.	K e2-d3	T e8 n. e1

34. D c3-c5   L g2-e4†
55. K d3-c3   T e1-c1† u. Schwarz gewinnt.

3. Partie.

Anderssen.   *Steinitz.*
Weiss.   Schwarz.

1. e2-e4   e7-e5
2. S g1-f3   S b8-c6
3. L f1-b5   S g8-f6
4. 0-0   S f6 n. e4
5. d2-d4   L f8-e7
6. d4-d5   S c6-b8
7. S f3 n. e5   0-0
8. T f1-e1   S e4-f6
9. S b1-c3   d7-d6
10. S e5-f3   c7-c6
11. L b5-a4   L c8-g4
12. D d1-e2

Dieser Zug ist für Weiss sehr vortheilhaft, indem er das schwarze Spiel bedenklich einengt.

12. ......   L g4 n. f3
13. g2 n. f3   T f8-e8
14. L c1-g5   b7-b5
15. L g5 n. f6

Man sieht jetzt die Bedeutung des Zuges D d1-e2. Weiss zwingt Schwarz den Springer f6 mit g7 wieder zu nehmen.

15. ......   g7 n. f6
16. d5 n. c6

Der entscheidende Zug. Weiss kann den Läufer a4 aufgeben, weil er bald mit c6-c7 und S c3-d5 eine Figur zurückgewinnt.

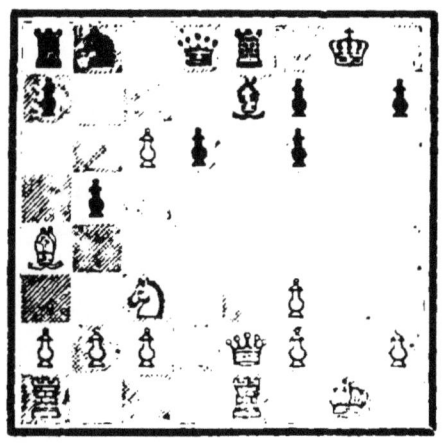

16.	......	b5 n. a4
17.	c6 - c7	

Dieser feine Zug ist der Schlüssel zu dem Opfer des weissen Läufers.

17.	......	D d8 - d7
18.	c7 n. b8 D	T a8 n. b8
19.	S c3 - d5	K g8 - f8
20.	D e2 - e3	K f8 - g7
21.	S d5 n. e7	T b8 - b5

Schwarz vertheidigt sich meisterhaft. Weiss musste im vorigen Zuge K g1 - h1 spielen.

22.	S e7 - f5 †	T b5 n. f5
23.	D e3 - d3	T e8 - e5
24.	K g1 - h1	T f5 - f4
25.	T e1 - g1 †	T e5 - g5
26.	T g1 - g3	D d7 - f5
27.	D d3 n. f5	T f4 n. f5
28.	T a1 - d1	T f5 - b5
29.	b2 - b3	a4 n. b3
30.	a2 n. b3	T b5 - c5
31.	c2 - c4	T c5 - c6
32.	f3 - f4	T g5 - g6

33.	f4-f5	T g6-g5
34.	f2-f4	T g5 n. g3
35.	h2 n. g3	T c6-c5
36.	T d1 n. d6	T c5 n. f5
37.	b3-b4	h7-h5
38.	T d6-a6	h5-h4
39.	K h1-g2	h4 n. g3
40.	K g2 n. g3	T f5-h5
41.	T a6 n. a7	T h5-h8
42.	T a7-c7. Schwarz giebt die Partie auf.	

4. Partie.

Dubois.   *Steinitz.*
Weiss.   Schwarz.

1.	e2-e4	e7-e5
2.	S g1-f3	S b8-c6
3.	L f1-c4	L f8-c5
4.	0-0	S g8-f6
5.	d2-d3	d7-d6
6.	L c1-g5	h7-h6
7.	L g5-h4	g7-g5
8.	L h4-g3	h6-h5
9.	h2-h4	

Auf S f3 n. g5 antwortet Schwarz h5-h4.

9.	......	L c8-g4
10.	c2-c3	

Auf h4 n. g5 wäre h5-h4 gefolgt.

10.	......	D d8-d7
11.	d3-d4	e5 n. d4
12.	e4-e5	d6 n. e5
13.	L g3 n. e5	S c6 n. e5
14.	S f3 n. e5	D d7-f5
15.	S e5 n. g4	h5 n. g4

16.	L c4-d3	D f5-d5
17.	b2-b4	0-0-0

Schwarz giebt hier mit Vortheil eine Figur preis.

18.	c3-c4	D d5-c6
19.	b4 n. c5	T h8 n. h4
20.	f2-f3	T d8-h8
21.	f3 n. g4	D c6-e8
22.	D d1-e2	D e8-c3†
23.	D e2 n. c3	d4 n. e3
24.	g2-g3	T h4-h1†
25.	K g1-g2	T h8-h2†
26.	K g2-f3	T h1 n. f1†
27.	L d3 n. f1	T h2-f2†
28.	K f3 n. e3	T f2-f1
29.	a2-a4	K c8-d7
30.	K e3-d3	S f6 n. g4
31.	K d3-c3	S g4-e3
32.	T a1-a2	T f1 n. b1
33.	T a2-d2†	K d7-c6
34.	T d2-e2	T b1-c1†
35.	K c3-d2	K c1-c2†

36. K d2 n. e3   T c2 n. e2†
37. K e3 n. e2   f7-f5

Weiss giebt die Partie auf.

5. Partie.

| Mac Donnell | Steinitz. |
Weiss.	Schwarz.
1. e2-e4	e7-e5
2. S g1-f3	S b8-c6
3. d2-d4	e5 n. d4
4. L f1-c4	L f8-c5
5. 0-0	d7-d6
6. c2-c3	L c8-g4
7. b2-b4	L c5-b6
8. a2-a4	a7-a5
9. b4-b5	S c6-e5
10. L c4-e2	d4-d3
11. L e2 n. d3	L g4 n. f3
12. g2 n. f3	D d8-h4
13. K g1-h1	L b6 n. f2

Ein Fehler. Weiss bringt hierdurch seinen Damenthurm in's Spiel.

14. T a1-a2	L f2-b6
15. T a2-g2	S g8-f6
16. L d3-e2	

Weiss spielt auf Eroberung der schwarzen Dame.

16.	h7-h6
17. f3-f4	S e5-g6
18. f4-f5	S g6-e5
19. T f1-f4	D h4-h3
20. T g2-g3	D h3 n. g3
21. h2 n. g3	h6-h5

22.	S b1-d2	S f6-g4
23.	S d2-c4	S g4-f2†
24.	T f4 n. f2	L b6 n. f2
25.	L c1-f4	h5-h4
26.	g3-g4	f7-f6
27.	D d1-d5	0-0-0
28.	L f4-e3	L f2-g3
29.	S c4 n. a5 und gewinnt.	

6. Partie.

Deacon.   Anderssen.
Weiss.   Schwarz.

1.	e2-e4	e7-e5
2.	S b1-c3	L f8-c5
3.	S g1-f3	S b8-c6
4.	L f1-c4	S g8-f6
5.	0-0	d7-d6
6.	d2-d3	L c8-g4
7.	L c1-e3	a7-a6
8.	S c3-d5	L c5-a7
9.	L e3 n. a7	T a8-a7
10.	S d5-e3	L g4-h5
11.	S e3-f5	0-0
12.	c2-c3	T a7-a8
13.	K g1-h1	d6-d5
14.	e4 n. d5	S f6 n. d5
15.	T f1-g1	S d5-f4

16.	D d1-d2	D d8-f6
17.	S f3-h4	b7-b5
18.	g2-g4	L h5-g6
19.	L c4-b3	L g6 n. f5
20.	S h4 n. f5	T a8-d8
21.	T g1-g3	h7-h5
22.	D d2-e3	h5-h4
23.	T g3-f3	g7-g6
24.	d3-d4	

Auf g6 n. f5 folgt d4 n. e5 und Weiss gewinnt den Springer f4.

24.	. . . . . .	g6-g5
25.	D e3-e4	T f8-e8
26.	d4-d5	S c6-e7
27.	S f5-e3	c7-c6
28.	T a1-d1	c6 n. d5
29.	S e3 n. d5	S e7 n. d5
30.	L b3 n. d5	K g8-g7

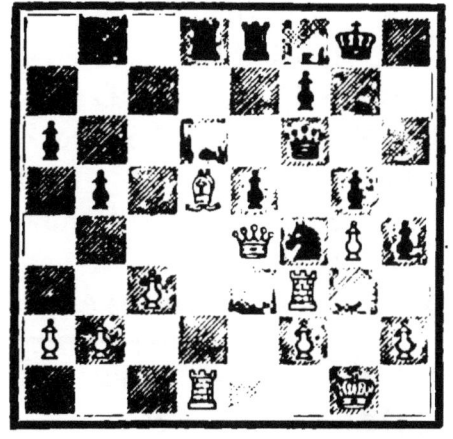

31.	L d5-b3	T d8 n. d1†
32.	L b3 n. d1	T e8-d8
33.	L d1-c2	T d8-d2
34.	h2-h3	D f6-d6
35.	L c2-b3	T d2 n. b2
36.	c3-c4	b5 n. c4
37.	D e4 n. c4	T b2-b1†
38.	K h1-h2	e5-e4
39.	D c4 n. f7†	K g7-h6
40.	T f3 n. f4	D d6 n. f4†

Weiss giebt die Partie auf.

7. Partie.

Dubois.   *Mongredien.*
Weiss.   Schwarz.

1.	e2-e4	e7-e5
2.	f2-f4	e5 n. f4
3.	S g1-f3	g7-g5
4.	h2-h4	g5-g4
5.	S f3-e5	S g8-f6
6.	L f1-c4	d7-d5
7.	e4 n. d5	L f8-d6

8.	d2-d4	S f6-h5
9.	L c4-b5†	K e8-f8
10.	S b1-c3	L d6-e7

Hier ist S h5-g3 der bessere Zug.

11.	0-0	f4-f3
12.	S e5 n. f3	S h5-g3
13.	S f3-e5	

Weiss giebt im Interesse des Angriffs die Qualität.

13.	......	S g3 n. f1
14.	D d1 n. f1	f7-f6
15.	D f1-f4	

Hier gewann L c1-h6† und dann d5-d6. Es droht L b5-c4†.

15.	......	c7-c6
16.	D f4-h6†	K f8-g8
17.	L b5-c4	L c8-e6
18.	d5 n. e6	D d8 n. d4†
19.	L c1-e3	D d4 n. e5
20.	T a1-d1	S b8-a6
21.	T d1-d7	T a8-e8
22.	L e3-d4	D e5-f5
23.	T d7 n. e7	T e8 n. e7

24.	L d4 n. f6	D f5-c5†
25.	K g1-h1	g4-g3
26.	D h6-g7†	T c7 n. g7
27.	e6-e7†	T g7-f7
28.	e7-e8 D†	D c5-f8
29.	L c4 n. f7† und Matt.	

8. Partie.

Steinitz.   *Green.*
Weiss.   **Schwarz.**

1.	e2-e4	e7-e5
2.	f2-f4	e5 n. f4
3.	S g1-f3	g7-g5
4.	h2-h4	g5-g4
5.	S f3-e5	S g8-f6
6.	L f1-c4	d7-d5
7.	e4 n. d5	L f8-d6
8.	d2-d4	D d8-e7
9.	0-0	S f6-h5
10.	T f1-e1	0-0
11.	S e5-g6	D e7-f6
12.	S g6 n. f8	K g8 n. f8
13.	c2-c3	D f6 n. h4
14.	S b1-d2	f4-f3

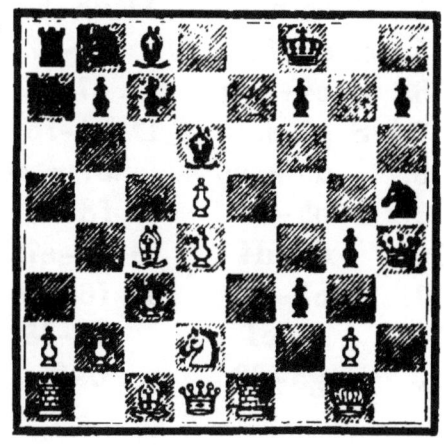

15.	S d2 n. f3	g4 n. f3
16.	L c1-h6†	S h5-g7
17.	L h6 n. g7†	K f8 n. g7
18.	D d1 n. f3	L c8-g4
19.	D f3-e3	L d6-g3
20.	L c4-e2	D h4-h2†
21.	K g1-f1	D h2-h1†
22.	D e3-g1	D h1 n. g1†
23.	K f1 n. g1	L g3 n. e1
24.	L e2 n. g4	L e1-g3
25.	L g4-c8	S b8-a6

Auf a7-a5 behält Schwarz zwei Bauern gegen eine Figur, hat jedoch eine schlechte Stellung.

26.	L c8 n. b7	T a8-b8
27.	L b7 n. a6	T b8 n. b2
28.	L a6-c4	Remis.

9. Partie.

Anderssen. — *Dubois.*
Weiss. — Schwarz.

1.	e2-e4	e7-e5
2.	f2-f4	e5 n. f4
3.	L f1-c4	d7-d5
4.	e4 n. d5	D d8-h4†
5.	K e1-f1	f4-f3
6.	L c4-b5†	c7-c6
7.	S g1 n. f3	D h4-f6
8.	d5 n. c6	b7 n. c6
9.	L b5-e2	L f8-d6
10.	d2-d4	S g8-e7
11.	L c1-g5	D f6-g6
12.	c2-c4	f7-f6
13.	L g5-d2	0-0

14.	S b1-c3	L c8-f5

Ein Fehler, in Folge dessen Weiss gewinnt.

15.	c4-c5	L d6-c7
16.	D d1-b3†	K g8-h8
17.	D b3-b7	L f5-d3
18.	D b7 n. c7	S e7-d5
19.	D c7-g3	S d5-c3
20.	b2 n. c3	D g6-e4
21.	L e2 n. d3	D e4 n. d3†
22.	K f1-f2	S b8-d7
23.	T h1-e1	S d7-e5
24.	d4 n. e5	f6 n. e5
25.	K f2-g1	e5-e4
26.	L d2-h6	g7 n. h6
27.	D g3-e5†	K h8-g8
28.	T e1 n. e4	T f8-f6
29.	D e5 n. f6	D d3 n. e4
30.	T a1-e1	D e4-g6
31.	D f6 n. g6	h7 n. g6
32.	T e1-e6	Aufgegeben.

10. Partie.

Paulsen.   *Dubois.*
Weiss.   Schwarz.

1.	e2-e4	e7-e5
2.	f2-f4	e5 n. f4
3.	L f1-c4	S g8-f6
4.	S b1-c3	S b8-c6
5.	S g1-f3	L f8-b4
6.	0-0	d7-d6
7.	S c3-d5	S f6 n. d5
8.	e4 n. d5	S c6-e5
9.	S f3 n. e5	d6 n. e5
10.	d2-d4	D d8-e7

11.	c2-c3	L b4-d6
12.	d4 n. e5	L d6 n. e5
13.	L c1 n. f4	L e5 n. f4
14.	T f1 n. f4	0-0
15.	D d1-d4	L c8-d7
16.	T a1-f1	D e7-d6
17.	D d4-f2	f7-f5
18.	T f4-f3	T f8-f6
19.	T f1-e1	f5-f4
20.	T f3-d3	K g8-f8
21.	K g1-h1	b7-b6
22.	D f2-f3	T a8-e8
23.	T e1 n. e8†	L d7 n. e8
24.	b2-b4	D d6-e5
25.	K h1-g1	L e8-h5
26.	D f3-f2	L h5-e2
27.	T d3-d4	f4-f3
28.	L c4-d3	L e2 n. d3
29.	T d4 n. d3	f3 n. g2
30.	T d3-f3	T f8-e7
31.	T f3 n. f6	g7 n. f6
32.	c3-c4	h7-h5
33.	K g1 n. g2	D e5-e4†
34.	D f2-f3	D e4 n. c4
35.	D f3-e3†	K e7-d8
36.	D e3-d2	K d8-d7
37.	h2-h3	K d7-d6
38.	D d2-b2	D c4 n. d5†
39.	K g2-f2	D d5-f5†
40.	K f2-g2	h5-h4
41.	a2-a4	D f5-e4†
42.	K g2-f2	D e4-f4†
43.	K f2-g2	D f4-g3†

44.	K g2-h1	D g3 n. h3†
45.	K h1-g1	D h3-g3†
46.	K g1-h1	D g3-f3†
47.	K h1-g1	h4-h3
48.	D b2-c2†	K d7-e7
49.	b4-b5	D f3-g2†
50.	D b2 n. g2	h3 n. g2
51.	K g1 n. g2	K e7-e6
52.	K g2-f3	K e6-f5

Weiss giebt die Partie auf.

11. Partie.

Paulsen.   Mac Donnell.
Weiss.   Schwarz.

1.	e2-e4	e7-e5
2.	f2-f4	L f8-c5
3.	S g1-f3	d7-d6
4.	c2-c3	L c8-g4
5.	L f1-e2	L g4 n. f3
6.	L e2 n. f3	S b8-c6
7.	d2-d3	S g8-f6
8.	D d1-b3	L c5-b6
9.	S b1-a3	a7-a5
10.	S a3-c4	0-0
11.	S c4 n. b6	c7 n. b6
12.	0-0	h7-h6
13.	f4-f5	a5-a4
14.	D b3-d1	D d8-c7
15.	L c1-e3	T f8-e8
16.	T a1-c1	T a8-a5
17.	T c1-c2	D c7-d8
18.	T c2-d2	T e8-e7
19.	g2-g4	S f6-h7

20.	T d2-g2	f7-f6
21.	b2-b4	S a5-a8
22.	b4-b5	S c6-b8
23.	h2-h4	T e7-f7
24.	g4-g5	f6 n. g5
25.	L f3-h5	T f7-d7
26.	h4 n. g5	d6-d5
27.	f5-f6	g7 n. f6
28.	g5 n. f6†	K g8-h8
29.	L e3 n. h6	S h7 n. f6
30.	T g2-g6	T d7-f7
31.	T f1 n. f6	D d8 n. f6
32.	T g6 n. f6	T f7 n. f6
33.	D d1-g4	T f6 n. h6
34.	D g4-c8†	K h8-g7
35.	D c8 n. b7†	S b8-d7
36.	D b1 n. a8	T h6 n. h5
37.	D a8-b7	d5 n. e4
38.	D b7 n. d7†	K g7-g6
39.	D d7-e6†	

Schwarz giebt die Partie auf.

12. Partie.

Mac Donnell.   *Mongredien.*
Weiss   Schwarz.

1.	e2-e4	e7-e5
2.	d2-d4	e5 n. d4
3.	S g1-f3	d7-d6
4.	c2-c3	d4 n. c3
5.	S b1 n. c3	L c8-g4
6.	L f1-c4	D d8-d7
7.	0-0	c7-c6
8.	L c1-f4	L g4 n. f3

9.	D d1 n. f3	S g8-f6
10.	e4-e5	d6 n. e5
11.	T f1-e1	L f8-e7
12.	T e1 n. e5	K e8-f8

Auf 0-0 verliert Schwarz den Läufer e7.

13.	T a1-d1	D d7-c8
14.	T e5 n. e7	K f8 n. e7
15.	L f4-d6†	K e7-d8
16.	L d6 n. b8†	K d8-e8
17.	L b8-d6	S f6-d5
18.	S c3 n. d5	c6 n. d5
19.	D f3 n. d5	D c8-e6
20.	D d5 n. b7	

Schwarz giebt die Partie auf.

13. Partie.

Anderssen.   *Blackburne.*
Weiss.   Schwarz.

1.	e2-e4	e7-e6
2.	d2-d4	d7-d5
3.	e4 n. d5	e6 n. d5
4.	S g1-f3	S g8-f6
5.	L f1-d3	L f8-d6
6.	0-0	0-0
7.	h2-h3	h7-h6
8.	c2-c4	c7-c6
9.	S b1-c3	L c8-e6
10.	c4 n. d5	S f6 n. d5
11.	S c3-e4	L d6-c7
12.	L c1-e3	S b8-d7
13.	D d1-e2	T f8-e8
14.	T f1-e1	L e6-f5
15.	S f3-d2	L c7-a5

16.	S e4-d6	L f5 n. d3
17.	D e2 n. d3	L a5 n. d2
18.	L e3 n. d2	T e8 n. e1 †
19.	T a1 n. e1	D d8-f6
20.	S d6 n. b7	T a8-b8
21.	S b7-a5	g7-g5
22.	S a5-c4	S d5-b6
23.	S c4-e5	S d7 n. e5
24.	d4 n. e5	D f6-e6
25.	D d3-g3	S b6-c4
26.	L d2-c1	S c4-d6
27.	f2-f4	S d6-f5
28.	D g3-f2	g5 n. f4
29.	D f2 n. f4	K g8-h7
30.	T e1-f1	S f5-g7
31.	D f4-g3	D e6-g6
32.	D g3-h4	S g7-f5

Besser wäre S g7-e8.

33.	D h4-f4	S f5-g3
34.	D f4 n. f7 †	D g6 n. f7
35.	T f1 n. f7 †	K h7-g8
36.	T f7-f2	T b8-d8
37.	T f2-d2	T d8-e8
38.	T d2-c2	T e8-e6
39.	L c1-f4	S g3-h5
40.	g2-g3	K g8-f7
41.	K g1-f2	K f7-g6
42.	K f2-f3	S h5-g7
43.	T c2-d2	S g7-e8
44.	T d2-d7	a7-a6
45.	g3-g4	c6-c5
46.	h3-h4	h6-h5
47.	g4 n. h5 †	K g6 n. h5

48.	T d7-h7†	K h5-g6
49.	T h7-h6†	K g6-f7
50.	T h6 n. e6	K f7 n. e6
51.	K f3-e4	S e8-c7
52.	h4-h5	S c7-d5
53.	L f4-g5 und gewinnt.	

14. Partie.

Steinitz.   *Mongredien.*
Weiss.   **Schwarz.**

1.	e2-e4	d7-d5
2.	e4 n. d5	D d8 n. d5
3.	S b1-c3	D d5-d8
4.	d2-d4	e7-e6
5.	S g1-f3	S g8-f6
6.	L f1-d3	L f8-e7
7.	0-0	0-0
8.	L c1-e3	b7-b6
9.	S f3-e5	L c8-b7
10.	f2-f4	S b8-d7
11.	D d1-e2	S f6-d5
12.	S c3 n. d5	e6 n. d5
13.	T f1-f3	f7-f5
14.	T f3-h3	g7-g6
15.	g2-g4	f5 n. g4

Nicht vortheilhaft. Hierdurch bekommt Weiss Gelegenheit zu einem glänzenden Opfer.

    16. T h3 n. h7

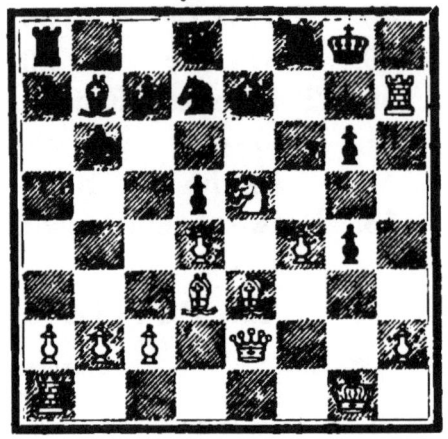

16.	. . . . . .	S d7 n. e5
17.	. f4 n. e5	K g8 n. h7
18.	D e2 n. g4	T f8 - g8
19.	D g4 - h5 †	K h7 - g7
20.	D h5 - h6 †	K g7 - f7
21.	D h6 - h7 †	K f7 - e6
22.	D h7 - h3 †	K e6 - f7
23.	T a1 - f1 †	K f7 - e8
24.	D h3 - e6	T g8 - g7
25.	L e3 - g5	D d8 - d7
26.	L d3 n. g6 †	T g7 n. g6
27.	D e6 n. g6 †	K e8 - d8
28.	T f1 - f8 †	D d7 - e8
29.	D g6 n. e8 † u. Matt.	

15. Partie.

	Steinitz.	Barnes.
	Weiss.	Schwarz.
1.	e2 - e4	c7 - c5
2.	S g1 - f3	e7 - e6
3.	L f1 - e2	

Hier ist d2 - d4 der bessere Zug.

3. ...... g7-g6

Um den Läufer nach g7 zu führen. Diese Entwickelung des Läufers ist im geschlossenen Spiel häufig vortheilhaft.

4. 0-0 L f8-g7
5. S b1-c3 a7-a6
6. e4-e5

Weiss will den Damenspringer nach e4 spielen.

6. ...... f7-f5
7. b2-b3 S g8-h6
8. S c3-a4 D d8-c7
9. L c1-a3 L g7-f8
10. d2-d4 b7-b6
11. d4 n. c5 b6 n. c5
12. D d1-d2 S h6-f7
13. D d2-c3 S b8-c6
14. T f1-e1 S f7 n. e5

Schwarz durfte diesen Bauer nicht nehmen. Sein Spiel ist nun nicht mehr zu halten.

15. S f3 n. e5 S c6 n. e5
16. L e2-c4

16.	. . . . . .	S e5 n. c4
17.	D c3 n. h8	S c4 n. a3
18.	D h8 n. h7	D c7-c6

Wenn der Springer den Bauer c2 nimmt, so folgt T e1 n. e6† und gewinnt.

19.	T a1-d1	d7-d5
20.	S a4-b6	

Die Art in der Weiss den Angriff fortsetzt, ist vorzüglich.

20.	. . . . . .	D c6 n. b6
21.	D h7 n. g6†	K e8-d8
22.	D g6-f6†	K d8-c7
23.	D f6 n. f8	D b6-d6
24.	D f8-g7†	L c8-d7
25.	c2-c4	d5-d4

Um D g7-b2 zu verhindern, womit Weiss schliesslich die Qualität behaupten würde.

26.	b3-b4	S a3-c2
27.	b4 n. c5	D d6 n. c5
28.	T e1 n. e6	D c5-f8
29.	D g7-e5†	K c7-c8
30.	T d1-b1	Ein meisterhafter Zug.

30.	......	S c2-b4
31.	T e6-f6	D f8-e8
32.	D e5-c5†	S b4-c6
33.	T f6-f8 und gewinnt.	

16. Partie.

	Steinitz.	*Owen.*
	Weiss.	**Schwarz.**
1.	e2-e4	c7-c5
2.	S g1-f3	e7-e6
3.	d2-d4	c5 n. d4
4.	S f3 n. d4	S g8-f6
5.	S b1-c3	L f8-b4
6.	L f1-d3	S b8-c6
7.	S d4 n. c6	d7 n. c6

Hier wäre b7 n. c6 wohl correcter.

8.	0-0	L b4 n. c3
9.	b2 n. c3	D d8-a5
10.	c3-c4	h7-h6
11.	f2-f4	e6-e5
12.	f4 n. e5	D a5 n. e5
13.	L c1-f4	D e5-d4†
14.	K g1-h1	L c8-e6
15.	D d1-e2	S f6-g4
16.	h2-h3	S g4-e5
17.	T a1-b1	b7-b6
18.	L f4-e3	D d4-d7
19.	c4-c5	b6-b5
20.	T f1-d1	S e5 n. d3
21.	T d1 n. d3	D d7-c8
22.	D e2-h5	

Um die Rochade zu gefährden.

26.

22.	......	K e8-f8
23.	T b1-d1	K f8-g8

Weiss denkt das Spiel unentschieden zu machen, wenn er die Dame gegen zwei Thürme abtauscht.

24.	T d3-d8†	D c8 n. d8
25.	T d1 n. d8†	T a8 n. d8
26.	c2-c3	L e6 n. a2
27.	L e3-d4	K g8-h7
28.	D h5-f5†	g7-g6
29.	D f5-f2	L a2-e6
30.	L d4 n. h8	T d8 n. h8

In dieser Stellung macht der Thurm und der Läufer gegen die Dame das Spiel unentschieden.

31.	D f2-f4	T h8-c8
32.	K h1-g1	a7-a5
33.	K g1-f2	a5-a4
34.	D f4-c1	T c8-d8
35.	K f2-e3	L e6-b3
36.	h3-h4	h6-h5
37.	K e3-f4	T d8-d1
38.	D c1-b2	T d1-d3
39.	K f4-e5	K h7-g7
40.	D b2-c1	Remis.

17. Partie.

Steinitz.   *Paulsen.*
Weiss.   Schwarz.

1.	e2-e4	c7-c5
2.	S g1-f3	g7-g6
3.	S b1-c3	L f8-g7
4.	L f1-c4	S g8-f6
5.	e4-e5	S f6-g8

Der Springer ist zu früh herausgegangen. Hierdurch verliert Schwarz mindestens ein Tempo.

6.	0-0	S b8-c6
7.	D d1-e2	S g8-h6
8.	S c3-e4	0-0
9.	S e4 n. c5	d7-d5
10.	L c4-b5	D d8-b6
11.	S c5-a4	D b6-a5
12.	d2-d4	S h6-f5
13.	c2-c3	L c8-d7
14.	L b5 n. c6	L d7 n. c6
15.	S a4-c5	L c6-b5
16.	S c5-d3	D a5-a6
17.	T f1-d1	e7-e6

18.	g2-g4	S f5-e7
19.	g4-g5	S e7-f5
20.	D e2-c2	T a8-c8
21.	a2-a4	L b5-e8
22.	b2-b3	L e8-d7
23.	L c1-a3	T f8-d8
24.	h2-h4	D a6-c6
25.	L a3-b2	D c6-b6
26.	S d3-c55	L d7-e8
27.	K g1-g2	D b6-c7
28.	b3-b4	D c7-e7
29.	h4-h5	

Weiss giebt den Bauer preis, in der Absicht, ihn mit dem Thurme anzugreifen, und diesem die h-Linie zu öffnen. Allein der Bauer kann von Schwarz gehalten werden und in Folge dieser Verrechnung verliert Weiss das Spiel.

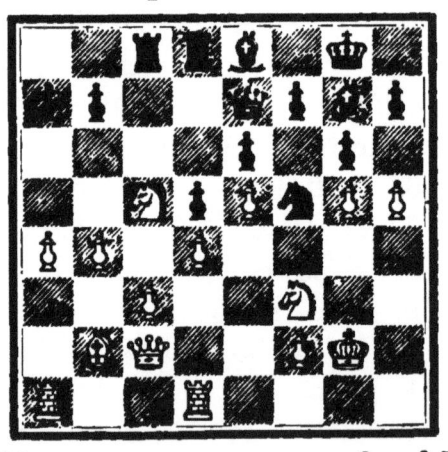

29.	......	g6 n. h5
30.	T d1-h1	h5-h4
31.	D c2-d2	h7-h6
32.	T a1-g1	h6 n. g5
33.	K g2-f1	b7-b6

34.	S c5-d3	f7-f6
35.	e5 n. f6	D e7 n. f6
36.	S d3-e5	L e8-h5
37.	S f3 n. g5	T c8-c7
38.	K f1-e1	T d8-f8
39.	T h1-h2	a7-a5
40.	b4-b5	D f6-h6
41.	L b2-c1	D h6-f6
42.	S g5-h3	T f8-c8
43.	S h3-f4	L h5-e8
44.	L c1-b2	S f5-d6
45.	T h2-g2	D f6-f5
46.	D d2-e3	D f5-b1†
47.	L b2-c1	S d6-f5
48.	D e3-d2	T c7 n. c3
49.	T g2 n. g7†	S f5 n. g7
50.	T g1 n. g7†	K g8 n. g7
51.	S f4 n. e6†	K g7-g8 u. Schwarz

gewinnt.

18. Partie.

Paulsen. — *Owen.*
Weiss. — Schwarz.

1.	e2-e4	b7-b6
2.	g2-g3	e7-e6
3.	L f1-g2	L c8-b7
4.	S b1-c3	f7-f5
5.	S g1-e2	S g8-f6
6.	d2-d3	L f8-b4
7.	0-0	L b4 n. c3
8.	S e2 n. c3	f5 n. e4
9.	S c3 n. e4	S f6 n. e4
10.	D d1-h5†	g7-g6

11.	D h5-e5	0-0
12.	d3 n. e4	S b8-c6
13.	D e5-c3	c6-e5
14.	L c1-h6	T f8-f7
15.	f2-f4	L b7-a6
16.	f4 n. e5	

Dies Opfer der Qualität ist durchaus richtig.

16.	......	L a6 n. f1
17.	T a1 n. f1	D d8-e7

Auf S f7 n. f1† gewinnt Weiss wie folgt:

17.	......	T f7 n. f1†
18.	L g2 n. f1	S c6-a5
19.	L f1-c4†	S a5 n. c4
20.	D c3 n. c4†	K g8-h8
21.	D c4-f7 und gewinnt.	
18.	T f1 n. f7	D e7 n. f7
19.	e5-e6	D f7-e7
20.	e6 n. d7	S c6-e5
21.	L g2-h3	g6-g5
22.	D c3 n. c7	g5-g4
23.	d7-d8 D†	D e7 n. d8
24.	D c7-g7† und Matt.	

19. Partie.

	Owen. Weiss.	Anderssen. Schwarz.
1.	d2-d4	f7-f5
2.	e2-e4	f5 n. e4
3.	S b1-c3	e7-e6

Schwarz verzichtet auf die Vertheidigung des Bauern, der jedenfalls nicht zu halten ist, indem auf S g8-f6, L c1-g5 folgt.

4.	D d1-h5†	g7-g6
5.	D h5-e5	S g8-f6
6.	L c1-g5	L f8-e7
7.	d4-d5	0-0
8.	L g5-h6	d7-d6
9.	D e5-d4	e6-e5
10.	D d4-d2	T f8-f7
11.	h2-h3	S b8-d7
12.	0-0-0	S d7-c5
13.	L f1-c4	L c8-d7
14.	S g1-e2	a7-a5
15.	g2-g4	D d8-e8
16.	S e2-g3	b7-b5
17.	L c4-e2	b5-b4
18.	S c3-b1	c7-c6
19.	L h6-e3	S f6 n. d5
20.	L e3 n. c5	d6 n. c5
21.	S g3 n. e4	T f7-f4
22.	L e2-c4	

Ein feiner Zug, der dem weissen Spiel eine günstige Wendung giebt.

22.	L d7-e6
23. D d2-e2	D e8-f7
24. S b1-d2	S d5-b6
25. L c4 n. e6	D f7 n. e6
26. f2-f3	c5-c4
27. K c1-b1	a5-a4
28. c2-c3	a4-a3
29. D e-f2	c6-c5

Ein schwacher Zug. Mit S b6-a4 musste Schwarz gewinnen.

30. S e4 n. c5	L e7 n. c5
31. D f2 n. c5	b4 n. c3
32. b2 n. c3	S b6-d7

Dieser und die folgenden Züge des Schwarzen entsprechen der gewöhnlichen Stärke Anderssens nicht.

33. D c5-c7	S d7-f8
34. D c7-c5	T f4-f7
35. T h1-e1	T a8-c8
36. D c5-e3	D e6-a6
37. K b1-a1	T f7-b7
38. D e3 n. e5	T b7-b5

39.	D e5-d4	S f8-e6
40.	D d4-d7	T b5-b6
41.	S d2-e4	T c8-f8
42.	g4-g5	T b6-b7
43.	D d7-d5	T b7-b5
44.	D d5-d6	T b5-b6
45.	D d6-e5	S e6-f4
46.	T d1-d7	Aufgegeben.

20. Partie.

Barnes.   *Paulsen.*
Weiss.   Schwarz.

1.	f2-f4	d7-d5
2.	b2-b3	e7-e6
3.	L c1-b2	S g8-f6
4.	e2-e3	c7-c5
5.	S g1-f3	g7-g6
6.	S b1-a3	L f8-g7
7.	L f1-b5†	L c8-d7
8.	L b2-e5	D d8-a5
9.	L b5 n. d7†	S b8 n. d7
10.	L e5-b2	0-0
11.	0-0	T a8-d8
12.	S a3-b1	S d7-b8
13.	D d1-e2	S b8-c6
14.	d2-d3	b7-b5
15.	a2-a4	b5-b4
16.	S b1-d2	D a5-c7
17.	L b2-e5	S c6 n. e5
18.	S f3 n. e5	S f6-d7
19.	S e5 n. d7	T d8 n. d7
20.	T a1-c1	e6-e5
21.	f4 n. e5	L g7 n. e5
22.	S d2-f3	L e5-c3

23.	d3-d4	T d7-c7
24.	D e2-d3	T f8-e8
25.	d4 n. c5	D c7 n. c5
26.	T c1-d1	T e8-d8
27.	S f3-d4	T e7-e4
28.	K g1-h1	T d8-e8
29.	S d4-b5	T e8-e5
30.	S b5 n. c3	b4 n. c3
31.	D d3-a6	D c5 n. e3
32.	D a6-f6	T e5-f5
33.	T f1 n. f5	g6 n. f5
34.	h2-h3	

Nimmt Weiss mit der Dame den Bauer, so tauscht Schwarz die Damen (mit D e3-e1 †) u. gewinnt.

34.	. . . . . .	T e4-e5
35.	T d1-d3	D e3-f4
36.	T d3-d1	D f4-g3
37.	b3-b4	T e5-e2
38.	D f6-d8†	K g8-g7
39.	T d1-g1	T e2-d2
40.	b4-b5	D g3-e3
41.	a4-a5	T d2 n. c2
42.	D d8 n. d5	T c2-c1
43.	T g1 n. c1	D e3 n. c1†
44.	K h1-h2	D c1-f4†
45.	g2-g3	D f4-d2† und

Schwarz gewinnt.

Vorgabe-Wettkampf.

1. Partie.

Schwarz giebt den Bauer f7 vor.

	Mackenzie. Weiss.	*Anderssen.* Schwarz.
1.	e2 - e4	e7 - e6
2.	d2 - d4	d7 - d6
3.	S g1 - f3	c7 - c5
4.	d4 n. c5	D d8 - a5†
5.	S b1 - c3	D a5 n. c5
6.	L c1 - e3	D c5 - a5
7.	L f1 - c4	S b8 - c6
8.	0 - 0	a7 - a6

Herr Anderssen hat diese Partie sehr mangelhaft eröffnet. Selbst bei einer Vorgabe von einem Bauer und zwei Zügen pflegt beim Beginn des Spiels die Stellung des Vorgebenden selten so schlecht zu sein, wie hier.

9.	S f3 - g5	S c6 - d8
10.	f2 - f4	S g8 - f6
11.	f4 - f5	e6 n. f5
12.	e4 n. f5	L c8 n. f5
13.	S c3 - d5	S f6 n. d5
14.	L c4 n. d5	L f5 - g6

15.	D d1 - f3	T a8 - c8
16.	T a1 - d1	K e8 - d7

Hier wäre L f8-e7 der bessere Zug.

17.	b2 - b4	D a5 n. b4
18.	T d1 - b1	D b4 - c3
19.	D f3 - g4†	K d7 - e8
20.	L e3 - d4	D c3 - a5
21.	T b1 - e1†	L f8 - e7
22.	D g4 n. c8	D a5 n. d5
23.	L d4 - b6 und gewinnt.	

2. Partie.

Mackenzie.   *Anderssen.*
Weiss.   Schwarz.

1.	e2 - e4	S b8 - c6
2.	S g1 - f3	e7 - e6
3.	d2 - d4	d7 - d6
4.	L f1 - d3	e6 - e5
5.	c2 - c3	S g8 - f6
6.	L c1 - e3	L f8 - e7
7.	0 - 0	L c8 - g4
8.	S b1 - d2	D d8 - c8
9.	D d1 - b3	h7 - h6
10.	T a1 - e1	a7 - a6
11.	L d3 - c4	g7 - g5
12.	h2 - h3	L g4 - d7
13.	L c4 - f7†	K e8 - f8
14.	L f7 - g6	L d7 - e6
15.	d4 - d5	L e6 - g8
16.	D b3 - c2	S c6 - b8
17.	c3 - c4	S b8 - d7
18.	L g6 - f5	D c8 - d8
19.	c4 - c5	

Eine weit berechnete Fortsetzung des Angriffs.

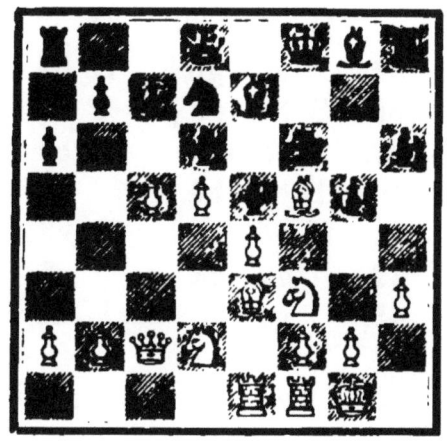

19.	. . . . . .	d6 n. c5
20.	S d2 - c4	L e7 - d6
21.	L e3 - d2	b7 - b5
22.	S c4 - e3	D d8 - e7
23.	L d2 - c1	T a8 - e8
24.	S f3 - h2	D e7 - g7
25.	L f5 n. d7	S f6 n. d7
26.	S e3 - f5	D g7 - g6
27.	T e1 - e3	L g8 - f7
28.	T e3 - g3	S d7 - f6
29.	T g3 - a3	T e8 - a8
30.	T f1 - e1	K f8 - g8

Hier wäre vielleicht S f6 - h5 stärker gewesen.

31.	T a3 - g3	S f6 - h5
32.	T g3 - g4	K g8 - h7
33.	h3 - h4	T h8 - f8

Ein Fehlzug.

34.	h4 n. g5	L f7 n. d5
35.	S f5 - h4	

Diesen Zug scheint Schwarz übersehen zu haben. Auf g5 n. h6 wäre L d5 n. e4 mit Vortheil gefolgt.

35.	. . . . . .	L d5 - b3

36.	D c2 n. b3	D g6 - e8
37.	g5 - g6†	K h7 - g7
38.	S h4 - f5†	T f8 n. f5
39.	e5 n. f5	S b5 - f6
40.	T g4 - h4	h6 - h5
41.	D b3 - e3	D e8 - h8
42.	g2 - g4	c5 - e4
43.	g4 - g5	L d6 n. h2†
44.	T h4 n. h2	S f6 - g4
45.	D e3 - c3† und gewinnt.	

3. Partie.

Weiss giebt den Springer b1 vor.

Anderssen.   *Lamb.*
Weiss.   Schwarz.

1.	e2 - e4	d7 - d5
2.	e4 - e5	e7 - e6
3.	f2 - f4	c7 - c5
4.	S g1 - f3	D d8 - b6
5.	d2 - d3	S g8 - h6
6.	L f1 - e2	S b8 - c6
7.	c2 - c3	L c8 - d7
8.	0 - 0	L f8 - e7
9.	K g1 - h1	d5 - d4

Hier war f7 - f6 der bessere Zug.

10.	S f3 - d2	f7 - f5
11.	h2 - h3	0 - 0
12.	D d1 - e1	K g8 - h8
13.	S d2 - f3	T f8 - g8
14.	T f1 - g1	L d7 - e8
15.	g2 - g4	L e8 - g6
16.	g4 - g5	S h6 - f7
17.	S f3 - h4	T g8 - f8
18.	S h4 n. g6†	h7 n. g6

19. h3 - h4

Weiss hat jetzt eine vorzügliche Stellung.

19. ...... K h8 - h7
20. h4 - h5   T f8 - h8
21. K h1 - g2   D b6 - d8
22. T g1 - h1   b7 - b5

Ein verlorener Zug, in der ohnehin unhaltbaren Stellung.

23. L e2 - f3

Ein sehr feiner Zug, der die beiden folgenden Züge vorbereitet.

23. ...... T a8 - c8
24. L c1 - d2   c5 - c4
25. h5 n. g6†   K h7 n. g6
26. D e1 - e2   S f7 - h6
27. L f3 - h5† K g6 - h7
38. L h5 - f7

Weiss droht jetzt mit g5 - g6† und Matt zu geben.

28.	. . . . . .	D d8 - d5 †
29.	K g2 - f2	T h8 - f8
30.	D e2 - h5 und gewinnt.	

4. Partie.

Schwarz giebt den Bauer f7 und zwei Züge vor.

	Green	*Deacon.*
	Weiss.	Schwarz.
1.	e2 - e4	. . . . .
2.	d2 - d4	S b8 - c6
3.	c2 - c3	e7 - e5
4.	d4 - d5	S c6 - e7
5.	L c1 - g5	d7 - d6
6.	h2 - h4	h7 - h5
7.	L f1 - e2	g7 - g6
8.	f2 - f4	e5 n. f4
9.	L g5 n. f4	L f8 - g7
10.	S b1 - d2	S g8 - f6
11.	L f4 - g5	c7 - c6
12.	D d1 - b3	D d8 - c7
13.	0 - 0 - 0	L c8 - d7
14.	S g1 - h3	c6 n. d5

15.	L g5 n. f6	L g7 n. f6
16.	e4 n. d5	D c7 - b6
17.	D b3 n. b6	a7 n. b6
18.	S d2 - e4	L f6 - e5
19.	a2 - a3	T a8 - a5

Schwarz hat zwar einen Bauer weniger, ist jedoch im Stande sich des Angriffs zu bemächtigen.

20.	c3 - c4	0 - 0
21.	T h1 - f1	L d7 - f5
22.	S h3 - g5	T f8 - c8
23.	T d1 - d2	

Die Stellung ist jetzt sehr schwierig. Statt T d1 - d2 konnte vielleicht besser K c1 - b1 geschehen.

23.	. . . . . .	T a5 n. d5
24.	T d2 n. d5	S e7 n. d5
25.	K c1 - b1	S d5 - e3
26.	T f1 - c1	S e3 n. g2
27.	K b1 - a1	S g2 - f4

Besser als den Bauer h4 zu nehmen.

28.	L e2 - f1	d6 - d5
29.	S e4 - g3	L f5 - d3

30. T c1 - e1   L d3 n. f1
31. S g3 n. f1 am besten
31. ......   S f4 - d3
32. T e1 - e2   d5 n. c4
33. T e2 - c2   b6 - b5
34. S f1 - e3   T c8 - d8
35. T c2 - g2   S d3 - f4
36. T g2 - c2   T d8 - d3
37. S e3 - g2   T d3 - d1†
38. K a1 - a2   S f4 - d3
39. S g5 - f3

Schwarz kündigt ein Matt in 4 Zügen an.

Eine Blindlings-Partie Paulsens, gleichzeitig mit 9 andern beim Londoner Turnier gespielt.

	Paulsen.	Chev. St. Bon.
	Weiss.	Schwarz.
1.	e2 - e4	e7 - e5
2.	L f1 - c4	f7 - f5
3.	d2 - d3	L f8 - c5

4. L c4 n. g8   T h8 n. g8
5. D d1 - h5 †   K e8 - f8
6. S g1 - f3   D d8 - f6
7. S f3 - g5   T g8 - h8
8. S g5 n. h7 †   T h8 n. h7
9. D h5 n. h7   f5 n. e4
10. 0 - 0   d7 - d5

Ein schlechter Zug, den Weiss jedoch nicht benutzt.

11. S b1 - c3

Hier musste sofort D h7 - h8 † geschehen.

11. ...... L c8 - e6
12. D h7 - h8 †   K f8 - e7
13. d3 n. e4   c7 - c6
14. e4 n. d5   c6 n. d5
15. L c1 - e3   L c5 - d6
16. T a1 - d1   D f6 - f7
17. b2 - b4   L d6 n. b4
18. S c3 - e4

Ein sehr feiner Zug. Der Springer darf nicht genommen werden, weil die weisse Dame sonst sofort Matt giebt. Man begreift jetzt, weswegen Weiss im vorigen Zuge den Bauer gab. Man muss die Schönheit dieser Combination um so mehr bewundern, wenn man bedenkt, dass Paulsen aus dem Gedächtniss und gleichzeitig 9 andere schwierige Partien spielte.

18.	. . . . . .	D f7 - f8
19.	D h8 - h4†	K e7 - d7
20.	f2 - f4	S b8 - c6
21.	f4 n. e5	D f8 - h8
22.	D h4 - g3 und gewinnt.	

Consultations-Partien.

1. Partie.

Capt. Kennedy u. Löwenthal. *Anderssen u. Paulsen.*
Weiss. Schwarz.

1.	e2 - e4	c7 - c5
2.	S g1 - f3	e7 - e6
3.	d2 - d4	c5 n. d4
4.	S f3 n. d4	S g8 - f6
5.	S b1 - c3	L f8 - b4
6.	S d4 - b5	0 - 0
7.	e4 - e5	S f6 - e8
8.	D d1 - g4	

Ein verfrühter Angriff, L c1 - f4 wäre wohl stärker gewesen.

| 8. | . . . . . . | S b8 - c6 |
| 9. | L f1 - d3 | f7 - f5 |

10.	D g4 - g3	D d8 - a5
11.	0 - 0	a7 - a6
12.	S b5 - d6	D a5 n. e5
13.	L c1 - f4	D e5 - f6
14.	S d6 n. e8	T f8 n. e8
15	T a1 - e1	T e8 - f8
16.	L f4 - d6	L b4 n. d6
17.	D g3 n. d6	b7 - b5
18.	T e1 - e3	D f6 - f7

Zur Vorbereitung von L c8 - b7.

19.	f2 - f4	L c8 - b7
20.	L d3 - e2	T a8 - e8
21.	L e2 - f3	g7 - g6
22.	T f1 - d1	L b7 - c8
23.	L f3 n. c6	

Hier war bei weitem stärker S c3 - d5

23.	. . . . . .	d7 n. c6
24.	D d6 n. c6	D f7 - a7

Ein entscheidender Zug, den Weiss übersehen hat.

25.	T d1 - d3	e6 - e5
26.	K g1 - f1	e5 - e4

27.	D c6 - d5 †	L c8 - e6
28.	D d5 - d4	D a7 - c7
29.	T d3 - d1	D c7 n. f4 †
30.	K f1 - g1	T e8 - d8
31.	D d4 - b6	T d8 n. d1 †
32.	S c3 n. d1	L e6 - c4
33.	S d1 - f2	D f4 - e5
34.	c2 - c3	T f8 - b8
35.	D b6 - a7	T b8 - d8
36.	T e3 - h3	D e5 - g7
37.	D a7 n. a6	D g7 - d7
38.	T h3 - g3	f5 - f4 u. gewinnt.

Wenn Weiss den Thurm zu retten sucht, so sagt Schwarz mit dem 3. Zuge Matt.

2. Partie.

Boden, Löwenthal und Capit. Kennedy. — *Anderssen, Paulsen und Dubois.*

	Weiss.	Schwarz.
1.	e2 - e4	c7 - c5
2.	S g1 - f3	e7 - e6
3.	d2 - d4	c5 n. d4
4.	S f3 n. d4	S g8 - f6
5.	S b1 - c3	L f8 - b4
6.	L f1 - d3	0 - 0
7.	0 - 0	d7 - d5
8.	e4 - e5	S f6 - e8
9.	D d1 - h5	f7 - f5
10.	f2 - f4	S b8 - c6
11.	S d4 - f3	S e8 - c7
12.	S c3 - e2	b7 - b6
13.	a2 - a3	L b4 - e7
14.	b2 - b4	a7 - a5

15.	b4 - b5	S c6 - b8
16.	a4 - a5	

Weiss hat jetzt das besser entwickelte Spiel.

16.	......	S b8 - d7
17.	S e2 - d4	L c8 - b7
18.	L c1 - e3	g7 - g6
19.	D h5 - h3	S d7 - c5
20.	S d4 - b3	S c5 n. b3
21.	c2 n. b3	d5 - d4
22.	L e3 - f2	

Wenn Weiss den Bauer d4 mit dem Läufer nahm, so folgte L b7 n. f3; auf S f3 n. d4 geschah S c7 - d5.

22.	......	S c7 - d5
23.	D h3 - g3	L e7 - c5
24.	T f1 - e1	S d5 - e3
25.	T a1 - c1	D d8 - e7
26.	S f3 n. d4	S e3 - g4
27.	S d4 - c6	L c5 n. f2†
28.	D g3 n. f2	L b7 n. c6
29.	D f2 n. b6	L c6 - d5
30.	h2 - h3	S g4 - h6
31.	L d3 - c4	

Weiss hat zwar eine Figur weniger, hofft jedoch die Bauern auf dem Damenflügel gut zu verwerthen.

31.	......	T f8 - b8
32.	D b6 - f2	L d5 - e4
33.	T e1 - d1	S h6 - f7
34.	T d1 - d2	T b8 - d8
35.	T c1 - d1	T d8 n. d2
36.	T d1 n. d2	g6 - g5
37.	D f2 - b6	g5 n. f4

38.	L c4 n. e6	D e7 - a7
39.	D b6 n. a7	T a8 n. a7
40.	T d2 - f2	T a7 - e7
41.	L e6 - c4	K g8 - g7
42.	e5 - e6	S f7 - g5
43.	b3 - b4	a5 n. b4
44.	a4 - a5	

Weiss hat jetzt zwei gebundene Bauern für eine Figur, und wohl mindestens ein gleiches Spiel.

44.	......	S g5 n. e6
45.	T f2 - b2	S e6 - c5
46.	T b2 n. b4	K g7 - f6
47.	a5 - a6	T e7 - g7
48.	b5 - b6	L e4 n. g2
49.	K g1 - f2	L g2 - e4
50.	L c4 - f1	K f6 - e5
51.	b6 - b7	

Schwarz ist jetzt genöthigt eine Figur für die Bauern zu geben.

51.	......	S c5 n. b7
52.	·a6 n. b7	T g7 n. b7
53.	T b4 n. b7	L e4 n. b7
54.	L f1 - e2	f4 - f3

55.	L e2 - c4	K c5 - f4
56.	L c4 - d3	L b7 - e4
57.	L d3 - c4	K f4 - e5
58.	K f2 - g3	f5 - f4†
59.	K g3 - f2	L e4 - b7
60.	L c4 - f1	L b7 - c8
61.	K f2 n. f3	L c8 - b7†
62.	K f3 - f2	L b7 - c8
63.	K f2 - f3	L c8 - b7†
64.	K f3 - f2	h7 - h6
65.	L f1 - c4	L b7 - c8
66.	L c4 - f1	L c8 - d7
67.	K f2 - f3	L d7 - c6†
68.	K f3 - f2	K e5 - f5
69.	L f1 - g2	

Ein Fehler, durch den das Spiel verloren geht. Weiss musste nur den Läufer vor und rückwärts ziehen und wenn der Gegner den Thurmbauer mit dem König und Läufer anzugreifen versuchte, den f-Bauer nehmen. Auf diese Art hätte Weiss das Spiel unentschieden gemacht.

69.	......	L c6 n. g2
70.	K f2 n. g2	K f5 - e4 u. gewinnt.

3. Partie.

Deacon, Medley u. Walker.   *St. Bon, Kling u. Steinitz.*
Weiss.   **Schwarz.**

1.	e2 - e4	g7 - g6
2.	f2 - f4	e7 - e6
3.	S g1 - f3	c7 - c5
4.	d2 - d4	d7 - d5
5.	S b1 - c3	L f8 - g7
6.	e4 n. d5	e6 n. d5

7.	d4 n. c5	L g7 n. c3†
8.	b2 n. c3	

Weiss hat jetzt einen Tripelbauer, allein seine Stellung ist im Uebrigen günstiger, als die des Schwarzen.

8.	. . . . . .	S g8 - e7
9.	L c1 - e3	0 - 0
10.	L f1 - e2	S b8 - c6
11.	0 - 0	S e7 - f5
12.	L e3 - f2	T f8 - e8
13.	D d1 - d2	L c8 - e6
14.	L e2 - b5	D d8 - c7
15.	L b5 n. c6	b7 n. c6
16.	g2 - g4	

Weiss eröffnet hiermit einen Angriff, den er geschickt bis zum Ende des Spiels fortführt.

16.	. . . . . .	S f5 - g7
17.	f4 - f5	g6 n. f5
18.	D d2 - h6	f7 - f6
19.	g4 - g5	f5 - f4
20.	L f2 - d4	S g7 - f5
21.	D h6 n. f6	S f5 n. d4
22.	S f3 n. d4	L e6 - h3
23.	D f6 n. f4	D c7 - d7
24.	T f1 - e1	T e8 n. e1†
25.	T a1 n. e1	T a8 - f8
26.	D f4 - g3	D d7 - e7
27.	K g1 - h1	

Die Stellung ist jetzt kritisch. Auf S d4 n. c6 wäre D e7 - e2 gefolgt.

27.	. . . . . .	D e7 - d7
28.	g5 - g6	h7 - h5
29.	g6 - g7	T f8 - f6
30.	D g3 - b8†	K g8 n. g7
31.	T e1 - g1†	L h3 - g4
32.	h2 - h3	D d7 - e7
33.	D b8 - g3	D e7 - e4†
34.	K h1 - h2	D e4 - h7
35.	T g1 - e1	

Wenn Weiss den Läufer nahm, so gewann Schwarz in wenigen Zügen das Spiel.

35.	. . . . . .	D h7 - h6
36.	h3 n. g4	h5 - h4
37.	D g3 - e5	K g7 - g8
38	S d4 - f5	D h6 - f8
39.	D e5 - e8 und gewinnt.	

Einige andere interessante Partien, die theils bei Gelegenheit des Londoner Schachturniers, theils später unter den stärksten modernen Schachspielern gespielt worden sind.

1. Partie.

	Kolisch. Weiss.	Anderssen. Schwarz.
1.	e2 - e4	e7 - e5
2.	S g1 - f3	S b8 - c6
3.	L f1 - c4	L f8 - c5
4.	b2 - b4	L c5 n. b4
5.	c2 - c3	L b4 - a5
6.	d2 - d4	e5 n. d4
7.	0 - 0	d4 n. c3
8.	D d1 - b3	D d8 - f6
9.	e4 - e5	D f6 - g6
10.	S b1 n. c3	b7 - b5
11.	S c3 n. b5	T a8 - b8
12.	D b3 x e3	S g8 - e7
13.	D e3 - e2	D g6 - h5
14.	L c1 - a3	L c8 - b7
15.	T a1 - d1	S e7 - f5
16.	T d1 n. d7	

Ein vortrefflicher, weit berechneter Zug, der das Spiel zu Gunsten des Weissen entscheidet.

| 16. | . . . . . . | K e8 n. d7 |

17.	e5 – e6†	K d7 – c8
18.	e6 n. f7	L b7 – a8

Um dem Könige Platz zu machen.

19.	S b5 n. a7†	

Eine glänzende Fortsetzung des Angriffs.

19.	......	S c6 n. a7
20.	D e2 – e6†	K c8 – d8
21.	T f1 – d1†	S f5 – d6
22.	T d1 n. d6†	c7 n. d6
23.	D e6 n. d6†	K d8 – c8
24.	L c4 – e6†	K c8 – b7
25.	L e6 – d5†	D h5 n. d5
26.	D d6 n. d5†	K b7 – a6
27.	D d5 – c4†	K a6 – b7
28.	D c4 – e4†	S a7 – c6
29.	S f3 – e5	K b7 – a6
30.	D e4 – c4†	K a6 – a7
31.	L a3 – c5†	T b8 – b6
32.	L c5 n. b6†	L a5 n. b6
33.	S e5 n. c6†	L a8 n. c6
34.	D c4 n. c6	Aufgegeben.

2. Partie.

Anderssen.   *Kolisch.*
Weiss.   Schwarz.

1.	e2 – e4	e7 – e5
2.	S g1 – f3	S b8 – c6
3.	L f1 – c4	L f8 – c5
4.	b2 – b4	L c5 n. b4
5.	c2 – c3	L b4 – c5
6.	0 – 0	d7 – d6
7.	d2 – d4	e5 n. d4
8.	c3 n. d4	L c5 – b6

9.	d4 - d5	S c6 - a5
10.	L c1 - b2	S g8 - f6
11.	L c4 - d3	c7 - c6
12.	S b1 - c3	0 - 0
13.	S c3 - a4	

Stärker wäre S c3 - e2 - g3.

13.	....	L b6 - c7
14.	h2 - h3	a7 - a6
15.	S a4 - c3	b7 - b5
16.	T a1 - c1	c6 - c5
17.	S c3 - e2	c5 - c4
18.	L d3 - b1	D d8 - e7
19.	S e2 - g3	S a5 - b7
20.	S f3 - d4	S b7 - c5

Besser scheint L c7 - b6 zu sein.

21.	S g3 - f5	L c8 n. f5
22.	S d4 n. f5	D e7 - d8
23.	T f1 - e1	S c5 - d7
24.	f2 - f4	T f8 - e8
25.	T c1 - c3	L c7 - a5
26.	T c3 - g3	L a5 n. e1
27.	T g3 n. g7†	K g8 - h8
28.	D d1 n. e1	S d7 - e5
29.	D e1 - h4	T e8 - g8
30.	D h4 - h6	D d8 - f8
31.	D h6 n. f6	T g8 - g7
32.	f4 n. e5	T a8 n. c8
33.	e5 n. d6	c4 - c3
34.	L b2 n. c3	T c8 n. c3
35.	D f6 n. c3	K h8 - g8
36.	D c3 n. g7†	und gewinnt.

3. Partie.

	Mac Donnell. Weiss.	Anderssen. Schwarz.
1.	e2 - e4	e7 - e5
2.	S g1 - f3	S b8 - c6
3.	L f1 - c4	L f8 - c5
4.	b2 - b4	L c5 n. b4
5.	c2 - c3	L b4 - c5
6.	0 - 0	d7 - d6
7.	d2 - d4	e5 n. d4
8.	c3 n. d4	L c5 - b6
9.	S b1 - c3	L c8 - g4
10.	L c4 - b5	L g4 n. f3

Hier war vielleicht L g4 - d7 vorzuziehen.

| 11. | g2 n. f3 | K e8 - f8 |

Um die durch das drohende d4 - d5 gefährdete Figur zu erhalten.

12.	S c3 - e2	S c6 - e7
13.	f3 - f4	d6 - d5
14.	e4 - e5	S g8 - h6
15.	K g1 - h1	S h6 - f5
16.	T f1 - g1	g7 - g6
17.	L c1 - a3	c7 - c6
18.	L b5 - a4	K f8 - g7
19.	L a4 - c2	D d8 - d7
20.	D d1 - d3	

Um die Dame nach h3 zu spielen.

| 20. | . . . . . . | h7 - h5 |

Ein schwacher Zug, der den Absichten des Weissen entgegen kommt.

| 21. | D d3 - h3 | D d7 - e6 |
| 22. | L a3 n. e7 | S f5 n. e7 |

23.   f4 - f5

Ein trefflicher Zug, der eine Figur und das Spiel gewinnt.

  23.   . . . . . .   D e6 - c8
  24.   f5 - f6†   K g7 - g8
  25.   e5 - e6

Sehr fein gespielt.

  25.   . . . . . .   D c8 n. e6
  26.   D h3 n. e6   f7 n. e6
  27.   f6 n. e7   K g8 - f7
  28.   T g1 n. g6   K f7 n. e7
  29.   T g6 - g7†   K e7 - d6
  30.   T a1 - g1   c6 - c5
  31.   d4 n. c5†   L b6 n. c5
  32.   T g7 n. b7   L c5 n. f2
  33.   T g1 - g7   L f2 - b6
  34.   T b7 - d7†   K d6 - e5
  35.   T g7 - g5†   K e5 - f6
  36.   T g5 - g6†   K f6 - e5
  37.   T d7 - e7 und gewinnt.

4. Partie.

	Steinitz. Weiss.	Anderssen. Schwarz.
1.	e2 – e4	e7 – e5
2.	f2 – f4	e5 n. f4
3.	S g1 – f3	g7 – g5
4.	L f1 – c4	g5 – g4
5.	0 – 0	g4 n. f3
6.	D d1 n. f3	D d8 – e7
7.	d2 – d4	S b8 – c6
8.	S b1 – c3	S c6 n. d4
9.	D f3 – d3	S d4 – e6
10.	S c3 – d5	D e7 – c5 †
11.	K g1 – h1	b7 – b5
12.	L c4 – b3	L f8 – h6
13.	L c1 – d2	D c5 – f8
14.	D d3 – c3	D f8 – g7
15.	S d5 n. c7 †	S e6 n. c7
16.	D c3 n. c7	S g8 – e7
17.	L d2 – c3	f7 – f6
18.	e4 – e5	T h8 – f8

Schwarz beabsichtigt den Thurm gegen den gefährlichen Läufer c3 zu geben.

19.	T a1 - e1	L c8 - a6
20.	e5 n. f6	T f8 n. f6
21.	L c3 - b4	T f6 - c6
22.	D c7 - a5	L h6 - g5
23.	L b4 n. e7	L g5 n. e7
24.	T f1 n. f4	T c6 - f6
25.	D a5 - c3	K e8 - d8
26.	D c3 - a5 †	K d8 - c8
27.	L b3 - d5	T a8 - b8
28.	T f4 - e4	T b8 - b6
29.	h2 - h3	

Um den Läufer e7 nehmen zu können.

29.	. . . . . .	T f6 - e6
30.	L d5 n. e6	d7 n. e6
31.	a2 - a4	b5 - b4
32.	D a5 - h5	L e7 - d8
33.	T e1 - d1	D g7 - e7
34.	T e4 - d4	L d8 - c7
35.	T d4 - g4	K c8 - b7
36.	T g4 - g8	T b6 - c6
37.	D h5 - f3	L a6 - c4
38.	T g8 - g4	L c4 - d5
39.	D f3 - e2	D e7 - d6
40.	K h1 - g1	D d6 - h2 †
41.	K g1 - f1	L c7 - b6 u. gewinnt.

5. Partie.

Paulsen.   *Anderssen.*
Weiss.   Schwarz.

1.	e2 - e4	e7 - e5
2.	S g1 - f3	S b8 - c6
3.	d2 - d4	e5 n. d4
4.	S f3 n. d4	S c6 n. d4

Hier ist L f8 - c5 der bessere Zug.

    5. D d1 n. d4   S g8 - e7
    6. L f1 - c4   S e7 - c6
    7. D d4 - d5   D d8 - f6
    8. 0 - 0   L f8 - b4

Etwas gekünstelt. Der Läufer soll über a5 nach b6 gebracht werden. Dies könnte nicht geschehen, wenn 8. d7 - d6 gezogen würde.

    9.   c2 - c3   L b4 - a5
    10.   e4 - e5   D f6 - f5
    11. S b1 - d2   0 - 0
    12. S d2 - f3   L a5 - b6
    13. L c4 - d3   D f5 - h5
    14. L c1 - f4   d7 - d6
    15. T a1 - e1   L c8 - e6
    16. D d5 - e4   d6 n. e5
    17. S f3 n. e5   S c6 n. e5
    18. L f4 n. e5   f7 - f5

Jetzt ist das schwarze Spiel vollkommen entwickelt.

    19. D e4 - a4   T a8 - e8
    20. L e3 - c4   D h5 - f7
    21. L c4 n. e6   T e8 n. e6
    22. L e5 - d4   c7 - c5
    23. T e1 n. e6   D f7 n. e6
    24. L d4 - e3   h7 - h6

Schwarz droht g7 - g5 zu ziehen.

    25.   h2 - h4   K g8 - h7
    26. T f1 - d1   T f8 - f6
    27. D a4 - d7   D e6 - e4
    28.   g2 - g3   T f6 - g6

Schwarz beabsichtigt diesen Thurm auf g3 zu opfern und dann D e4 n. e3† zu spielen.

29.	K g1 - h2	D e4 - f3
30.	T d1 - d6	T g6 n. d6
31.	D d7 n. d6	c5 - c4
32.	L e3 n. b6	a7 n. b6
33.	D d6 n. b6	f5 - f4
34.	D b6 - d4	f4 n. g3†
35.	f3 n. g3	D f3 - e2†
36.	K h2 - g1	D e2 - e1†
37.	K g1 - g2	D e1 - e2†
38.	D d4 - f2	D e2 - d3
39.	a2 - a4	h6 - h5

Als Remis abgebrochen.

6. Partie.

Paulsen. — *Kolisch.*
Weiss. — Schwarz.

1.	e2 - e4	e7 - e5
2.	f2 - f4	e5 n. f4
3.	L f1 - c4	S g8 - f6
4.	S b1 - c3	L f8 - b4
5.	e4 - e5	d7 - d5
6.	L c4 - b5†	c7 - c6
7.	e5 n. f6	c6 n. b5
8.	D d1 - e2†	L c8 - e6
9.	D e2 n. b5†	S b8 - c6
10.	S g1 - f3	D d8 n. f6
11.	D b5 n. b7	T a8 - c8
12.	S c3 n. d5	

Dieser treffliche Zug bildet den Schluss der geistreichen Angriffs-Combination des Weissen.

```
12.  . . . . . .   D f6 - f5
13.  S d5 - c7†
```

Der Läufer b4 ist wegen D f5 - e4† nicht zu nehmen.

```
13.  . . . . .   T c8 n. c7
```

Sicherer wäre K e8 - d8 gewesen.

```
14.  D b7 n. c7   D f5 - e4†
15.  K e1 - d1    0 - 0
16.     d2 - d3   D e4 - g6
17.  D c7 n. f4
```

Auf D c7 n. c6 folgt T f8 - c8 und gewinnt nachher mit D g6 n. g2.

17.	. . . . . .	f7 - f6
18.	D f4 - e4	D g6 n. g2
19.	T h1 - g1	D g2 - h3
20.	D e4 n. c6	T f8 - d8

Um demnächst L e6 - d5 zu spielen.

21.	K d1 - e2	L e6 - d5
22.	D c6 n. f6	T d8 - e8†
23.	L c1 - e3	g7 - g6
24.	T g1 - g3	D h3 - h6
25.	D f6 - g5	L d5 n. f3†
26.	K e2 n. f3	Aufgegeben.

7. Partie.

Kolisch.   *Paulsen.*
Weiss   Schwarz.

1.	e2 - e4	e7 - e5
2.	f2 - f4	e5 n. f4
3.	S g1 - f3	g7 - g5
4.	L f1 - c4	g5 - g4
5.	0 - 0	g4 n. f3
6.	D d1 n. f3	D d8 - f6
7.	e4 - e5	D f6 n. e5
8.	d2 - d3	L f8 - h6
9.	L c1 - d2	S g8 - e7
10.	S b1 - c3	S b8 - c6
11.	T a1 - e1	D e5 - f5

Ein Zug, den Herr Paulsen an dieser Stelle statt des üblichen D e5 - c5† vorschlägt.

12.	S c3 - d5	K e8 - d8
13.	L d2 - c3	T h8 - g8
14.	L c3 - f6	L h6 - g5

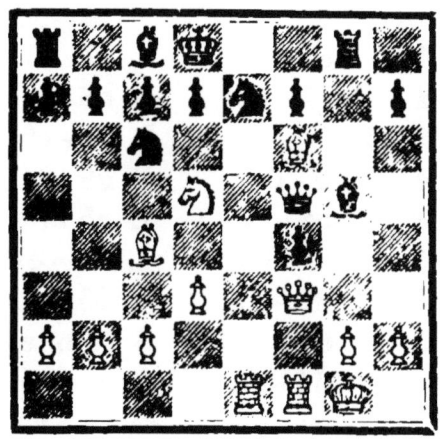

15.	T e1 n. e7	L g5 n. f6
16.	T c7 - e4	L f6 - g5
17.	g2 - g4	D f5 - g6
18.	h2 - h4	L g5 n. h4
19.	D f3 n. f4	d7 - d6
20.	D f4 n. f7	D g6 n. f7
21.	T f1 n. f7	S c6 - e5
22.	T f7 n. h7	S e5 n. c4
23.	T e4 n. c4	c7 - c6
24.	S d5 - c7	T a8 - b8
25.	T c4 - f4	L h4 - e7
26.	T f4 - f7	K d8 n. c7
27.	T f7 n. e7†	K c7 - b6
28.	T h7 - g7	T g8 n. g7
29.	T e7 n. g7	L c8 - e6
30.	T g7 - g6	L e6 n. a2
31.	T g6 n. d6	T b8 - g8
32.	K g1 - f2	T g8 n. g4
33.	K f2 - e2	T g4 - g2†
34.	K e2 - d1	L a2 - b1
35.	c2 - c3	T g2 n. b2

Aufgegeben.

8. Partie.

Kolisch.	Paulsen.
Weiss.	Schwarz.
1. e2 - e4	e7 - e5
2. S g1 - f3	S b8 - c6
3. L f1 - c4	L f8 - c5
4. 0 - 0	S g8 - f6
5. b2 - b4	L c5 n. b4
6. c2 - c3	L b4 - e7
7. d2 - d4	e5 n. d4
8. c3 n. d4	S f6 n. e4
9. d4 - d5	S c6 - a5
10. L c4 - d3	S e4 - c5
11. L c1 - a3	S c5 n. d3
12. D d1 n. d3	0 - 0
13. d5 - d6	c7 n. d6

Besser wäre L e7 n. d6

14. S b1 - c3	b7 - b6
15. S c3 - d5	S a5 - b7
16. L a3 - b2	S b7 - c5
17. D d3 - e3	S c5 - e6
18. S f3 - d4	L e7 - f6
19. S d4 - c6	

Ein sehr weit berechnetes meisterhaftes Opfer.

19.	. . . . . .	d7 n. c6
20.	S d5 n. f6†	g7 n. f6
21.	D e3 - h6	d6 - d5
22.	L b2 n. f6	D d8 - d6
23.	f2 - f4	T f8 - e8
24.	T f1 - f3	Aufgegeben.

Londoner Problem-Turnier.

Wie schon in der Einleitung gesagt, trugen die Herren Conrad Bayer, Plachutta, Nowotny, M'Arthur, Graf Pongracz und Horwitz die Preise dieses Turniers davon. Die siegreichen Probleme, die sämmtlich nachstehend folgen, gehören gewiss zu den besten Leistungen auf dem Gebiete des Schachspiels.

I.
C. Bayer.

Weiss zieht und setzt mit dem 3. Zuge Matt.

II.
C. Bayer.

Weiss zieht und setzt mit dem 4. Zuge Matt.

III.
C. Bayer.

Weiss zieht und setzt mit dem 4. Zuge Matt.

IV.
C. Bayer.

Weiss zieht und setzt mit dem 4. Zuge Matt.

V.
C. Bayer.

Weiss zieht und setzt mit dem 5. Zuge Matt.

VI.
C. Bayer.

Weiss zieht und setzt mit dem 5. Zuge Matt.

VII.
Jos. Plachutta.

Weiss zieht und setzt mit dem 4. Zuge Matt.

VIII.

Jos. Plachutta.

Weiss zieht und setzt mit dem 4. Zuge Matt.

IX.

Jos. Plachutta.

Weiss zieht und setzt mit dem 5. Zuge Matt.

X.

Jos. Plachutta.

Weiss zieht und setzt mit dem 3. Zuge Matt.

XI.

Jos. Plachutta.

Weiss zieht und setzt mit dem 4. Zuge Matt.

XII
Jos. Plachutta.

Weiss zieht und setzt mit dem 5. Zuge Matt.

XIII.
A. Novotny.

Weiss zieht und setzt mit dem 4. Zuge Matt

XIV.
A. Novotny.

Weiss zieht und setzt mit dem 4. Zuge Matt.

XV.
A. Novotny.

Weiss zieht und setzt mit dem 4. Zuge Matt.

XVI.
A. Novotny.

Weiss zieht und setzt mit dem 5. Zuge Matt.

XVII.
A. Novotny.

Weiss zieht und setzt mit dem 5. Zuge Matt.

XVIII.
G. M'Arthur.

Weiss zieht und setzt mit dem 4. Zuge Matt.

XIX.
G. M'Arthur.

Weiss zieht und setzt mit dem 4. Zuge Matt.

XX.
G. M'Arthur.

Weiss zieht und setzt mit dem 4. Zuge Matt.

XXI.
G. M'Arthur.

Weiss zieht und setzt mit dem 4. Zuge Matt.

XXII.
G. M'Arthur.

Weiss zieht und setzt mit dem 5. Zuge Matt.

XXIII.
G. M'Arthur.

Weiss zieht und setzt mit dem 5. Zuge Matt.

Selbstmatt-Aufgaben.

XXIV.

Graf Arnold Pongracz

Weiss zieht und zwingt Schwarz ihn in 6 Zügen Matt zu setzen.

XXV.

A. Pongracz.

Weiss zieht und zwingt Schwarz ihn in 7 Zügen Matt zu setzen.

XXVI.

A. Pongracz.

Weiss zieht und zwingt Schwarz ihn in 8 Zügen Matt zu setzen.

XXVII.

A. Pongracz.

Weiss zieht und zwingt Schwarz ihn in 7 Zügen Matt zu setzen

Studien.

XXVIII.
Horwitz.

Weiss zieht und gewinnt.

XXIX.
Horwitz.

Weiss zieht und gewinnt.

XXX.
Horwitz.

Weiss zieht und gewinnt.

XXXI.
Horwitz.

Weiss zieht und gewinnt.

XXXII.
Horwitz.

Weiss zieht und gewinnt.

XXXIII.
Horwitz.

Weiss zieht und gewinnt.

Bristoler Problem-Turnier.

Dieselbe Vereinigung englischer Schachspieler die das Londoner Schachturnier von 1862 veranstaltete, hatte bereits an anderen Orten, namentlich zu Manchester, Birmingham und Bristol ähnliche Schach-Wettkämpfe von geringerer Bedeutung in's Leben gerufen. In Folgendem theilen wir zuvörderst die siegreichen Probleme des Bristoler Turniers von 1857 mit, die ebenfalls zu den gedankenreichsten Compositionen gehören.

Den ersten Preis gewann Healey, den zweiten Conrad Bayer, den dritten Graf Pongracz, den vierten Mitcheson.

I.
F. Healey.

Weiss zieht und setzt mit dem 3. Zuge Matt.

II.
F. Healey.

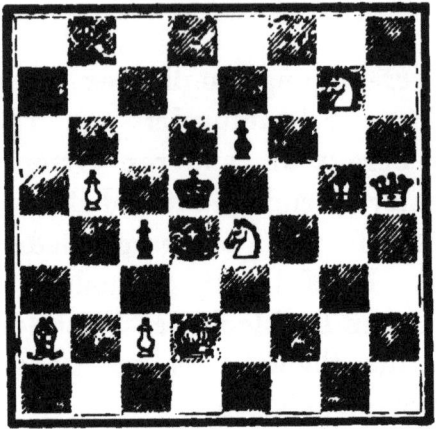

Weiss zieht und setzt mit dem 3. Zuge Matt.

III.
F. Healey.

Weiss zieht und setzt mit dem 4. Zuge Matt.

IV.
F. Healey.

Weiss zieht und setzt mit dem 4. Zuge Matt.

V.
F. Healey.

Weiss zieht und setzt mit dem 5. Zuge Matt.

VI.

F. Healey.

Weiss zieht und setzt mit dem 5. Zuge Matt.

VII.

C. Bayer.

Weiss zieht und setzt mit dem 3. Zuge Matt.

VIII.
C. Bayer.

Weiss zieht und setzt mit dem 3. Zuge Matt.

IX.
C. Bayer.

Weiss zieht und setzt mit dem 3. Zuge Matt.

X.
C. Bayer.

Weiss zieht und setzt mit dem 4. Zuge Matt.

XI.
C. Bayer.

Weiss zieht und setzt mit dem 4. Zuge Matt.

XII.
C. Bayer.

Weiss zieht und setzt mit dem 4. Zuge Matt.

XIII.
C. Bayer.

Weiss zieht und setzt mit dem 4. Zuge Matt.

XIV.
C. Bayer.

Weiss zieht und setzt mit dem 4. Zuge Matt.

XV.
C. Bayer.

Weiss zieht und setzt mit dem 4. Zuge Matt.

XVI.
C. Bayer.

Weiss zieht und setzt mit dem 5. Zuge Matt.

XVII.
C. Bayer.

Weiss zieht und setzt mit dem 5. Zuge Matt.

XVIII.
A. Pongracz.

Weiss zieht und setzt mit dem 3. Zuge Matt.

XIX.
A. Pongracz.

Weiss zieht und setzt mit dem 3. Zuge Matt.

XX.

A. Pongracz.

Weiss zieht und setzt mit dem 4. Zuge Matt.

XXI.

A. Pongracz.

Weiss zieht und setzt mit dem 4. Zuge Matt.

XXII.

A. Pongracz.

Weiss zieht und setzt mit dem 4. Zuge Matt.

XXIII.

A. Pongracz.

Weiss zieht und setzt mit dem 5. Zuge Matt.

XXIV.
A. Pongracz.

Weiss zieht und setzt mit dem 4 Zuge Matt.

XXV.
W. Mitcheson.

Weiss zieht und setzt mit dem 3. Zuge Matt.

XXVI.
W. Mitcheson.

Weiss zieht und setzt mit dem 3. Zuge Matt.

XXVII.
W. Mitcheson.

Weiss zieht und setzt mit dem 4. Zuge Matt.

XXVIII.
W. Mitcheson.

Weiss zieht und setzt mit dem 4. Zuge Matt.

XXIX.
W. Mitcheson.

Weiss zieht und setzt mit dem 3. Zuge Matt.

XXX.
W. Mitcheson.

Weiss zieht und setzt mit dem 4. Zuge Matt.

Gekrönte Preis-Aufgaben des Schachturniers zu Manchester 1857.

I.
F. Healey.

Weiss zieht und setzt mit dem 4. Zuge Matt.

II.

F. Healey.

Weiss zieht und setzt mit dem 3. Zuge Matt.

Gekrönte Preis-Aufgaben des Schachturniers zu Birmingham 1858.

I.

F. Healey.

Weiss zieht und setzt mit dem 3. Zuge Matt.

II.
F. Healey.

Weiss zieht und setzt mit dem 4. Zuge Matt.

III.
F. Healey.

Weiss zieht und setzt mit dem 5. Zuge Matt.

Preis-Problem des Cambridge-Turniers 1860.

M'Arthur.

Weiss zieht und setzt mit dem 3. Zuge Matt.

Lösungen
zum Londoner Problem-Turnier.

I.

1. L g6 - f7   T d7 n. f7 (A. B. C.)
2. S e4 - c3   K d4. n. c3 (1. 2. 3.)
3. S e3 - d5† u. Matt.

1.
2. ...... D a5 n. c3
3. D f2 - f4† u. Matt.

2.
2. ...... T f7 (g7) n. f6
3. D f2 - d2† u. Matt.

3.
2. ...... D a5 - a8†
3. S e3 - d5† u. Matt.

A.
1. ...... K d4 n. e4
2. D f2 - f3†   K e4 - d4
3. S e3 - f5† u. Matt.

B.
1. ...... D a5 - a3
2. S e3 - d5†   K d4 n. e4 od. D a3-e3
3. D f2 - f4 n. e3† u. Matt.

C.
1. . . . . . . D a5 - d2
2. S e3 - f5† K d4 n. e4
3. S f5 - g3† u. Matt.

II.
1. f3 - f4† K e5 - d5 (A.)
2. S d4 - f5 L a4 n. c2 am besten

(Es droht D a3 - d3† u. L h5 - f3† u. **Matt.**)

3. D a3 - a5† S — nimmt.
4. S f5 - e7 - e3† u. Matt.

A.
1. . . . . . . K e5 n. f4
2. D a3 - h3 S c6 n. d4
3. L b6 n. d4 u. wie Schwarz nun auch ziehen mag, Weiss setzt im nächsten Zuge mit der Dame, den Läufer, oder den Bauer d2† u. Matt.

III.
1. L e2 n. c4 b5 n. c4 am besten
2. T f2 - b2 K e4 - d5 am besten
3. D f1 n. c4† K d5 n. c4 - c6
4. S d7 - b6 oder b8† u. Matt.

IV.
1. S c4 - d2 S h6 n. g4 (A.)
2. T d6 - d7 S g4 - e3 (1.)
3. T d7 - d4 K c5 n. d4
4. e5 - e6† u. Matt.

1.
2. . . . . . . h7 n g6 (andere Varianten leicht.)

3.   e5 - e6†   g6 n. h5 am besten
4. L f6 - d4† u. Matt.

A.

1.   . . . . . .   L f1 - g2
2. D h5 - h4   L f8 n. d6
3. L g4 - e6   beliebig
4. Die Dame giebt auf c4 oder b4 oder der Springer auf b3† u. Matt.

V.

1. D g1 n. e3   d4 n. e3 (A. B.)
2. L d7 - e6†   K d5 - d6
3. L a1 - e5†   S f7 n. e5
4. S f3 - g5   beliebig
Ein Springer giebt Matt.

A.

1.   . . . . . .   S f7 - d6†
2. K b5 - b4   S e7 n. c6†
3. L d7 n. c6†   K d5 n. c6
4. S f3 - e5†   K c6 - d5
5. D e3 n. d4† u. Matt.

B.

1.   . . . . . .   L c7 - e5
2. L d7 - e6†   K d5 - d6
3. D e3 - a3†   K d6 - c7
4. D a3 n. e7†   K c7 - b8
5. D e7 - b7† u. Matt.

VI.

1. S g6 n. f4   d4 n. e3 (A. B.)
2. D h6 - e6   f7 n. e6

3. S d3 - c5†   K e4 - d4 am besten
4. S f4 n. e6†   K d4 - d5 - c3
5. L b1 - e4 od. S c5 n. a4† u. Matt.

A.

1. . . . . . .   S e5 - f3†
2. g2 n. f3†   K e4 n. e3
3. S d3 - e5   L d6 n. e5
4. S f4 - g2†   K e3 n. f3
5. D h6 - h5† u. Matt.

B.

1. . . . . . .   S e5 n. d3†
2. L b1 n. d3†   K e4 n. e3
3. S f4 - d5†   K e3 n. d3
4. D h6 - h7†   f7 - f5
5. D h7 n. f5† u. Matt.

VII.

1. D h5 - e8   L e3 - c5 (A. B.)
2. S c3 - e4   d5 n. e4
3. D e8 - e6†   K c4 n. b5
4. c2 - c4† u. Matt.

A.

1. . . . . . .   K c4 - c5
2. D e8 - c8†   K c5 - b6
3. S c3 n. d5†   K b6 n. b5
4. c2 - c4† u. Matt.

B.

1. . . . . . .   S g2 - f4
2. D e8 - c6†   L e3 - c5
3. S c3 n. a4 und sagt im nächsten Zuge Matt.

VIII.

1. L g1 - e3   L d2 n. e3 (A.)
2. D e8 - b5   K f5 - e5
3. K c5 n. b4† und giebt im nächsten Zuge Matt.

A.

1. ......   T g5 n. g3
2. T d4 - f4†   K f5 - g5
3. h3 - h4†   K beliebig
4. Die Dame giebt Matt.

IX.

1. T e3 - e4   S e2 n. d4 (A. B. C.)
2. T e4 n. d4   T h5 - d5
3. S c1 n. d3†   beliebig
4. D f6 - b6† u. Matt.

A.

1. ......   S e2 n. c1
2. S d4 - b5   T b3 n. b5
3. T e4 - d4   T h5 - d5
4. T d4 - c4†   K c5 n. c4
5. D f6 - c3† u. Matt.

B.

1. ......   K c5 - d5
2. D f6 - e6†   K d5 - c5
3. S d4 n. b3†   S a1 n. b3
4. S c1 n. d3†   K c5 - b5
5. D e6 - b6† u. Matt.

C.

1. ......   T b3 - a3

2. S d4 - b5   a6 n. b5
3.   b2 - b4†   a4 n. b3
4. S c1 n. d3   K c5 - d5
5. D f6 - e6† u. Matt.

X.

1.   f4 - f5   T h5 n. f5 am besten
2. L b2 - e5   beliebig.
3. Der Thurm giebt Matt.

XI.

1. L e2 - b5   T d6 n. d2 (A. B.)
2. T d7 - d4   e5 n. d4
3. S c3 - d5   beliebig
Springer oder Läufer giebt Matt.

A.

1   . . . . . .   e5 - e4
2. S c3 - e2   S f2 - h1
3. S g6 - e7†   K f5 - e5
4.   f3 - f4† u. Matt.

B.

1.   . . . . . .   L b1 - d3
2. L b5 n. d3†   e5 - e4
3. L d3 n. e4†   S f2 n. e4
4.   f3 n. e4† u. Matt.

XII.

1. S c5 - d7   T c7 n. d7 (A.)
2. L b3 - d1   T d7 n. d1
3. L a3 - e7   S g8 n. e7
4. T g3 - g4†   h5 n. g4
5. D g6 - h6† u. Matt.

A.

1. . . . . . . T d8 n. d7
2. L a3 - e7 T d7 n. e7
3. L b3 - d1 T e7 - h7
4. T g3 - g4† h5 n. g4
5. D g6 n. g4† u. Matt.

XIII.

1. T b3 - b5 c7 - c5 (A. B.)
2. L d5 - a8 L f3 n. a8
3. T b5 - b1 beliebig
4. Thurm oder Dame giebt Matt.

A.

1. . . . . . . L f3 n. d5
2. T b5 n. d5 beliebig
3. T d5 n. g5 beliebig
4. T g5 - h5† u. Matt.

B.

1. . . . . . . c7 - c6
2. L d5 n. f3† g4 n. f3
3. T b5 n. g5 beliebig
4. T g5 - h5† u. Matt.

XIV.

1. S c7 - a8 f7 n. e6 (A.)
2. S a8 - b6 e6 n. d5
3. S c2 - e1† K d3 - e3
4. S b6 n. d5† u. Matt.

A.

1. . . . . . . T b8 - c8
2. D d5 n. b5† T c8 - c4

3. D b5-f5† S f2-e4
4. D f5 n. e4† u. Matt.
Andere Varianten leicht.

XV.

1. T h1-c1   T f7-f5 oder
              g2-g1 oder
              L b1-a2 oder A.
2. D e5-d4   S c2 n. d4 am besten
3. S d3-b4†   K c6 n. c5
4. c3 n. d4† u. Matt.

A.

1. ......   T f7-f4
2. D e5 n. f4 K c6-d5
3. S e8-c7†   K d5-c6
4. D f4-a4† u. Matt.

XVI.

1. S g4-e5   T e6 n. e5 oder A.
2. L b4-c3†   K d4-c5
3. L c3-d4†   K c5 n. d4
4. D h6-d2 und giebt im nächsten Zuge Matt.

A.

1. ......   K d4 n. e5
2. D h6-e3†   K e5-f6
3. D e3-g5† u. Matt.

XVII.

1. T h4-h3   L a8-b7 a. best. (A.)
2. T h3-f3   e4 n. f3
3. L e8-h5   K d5-e4

4. L h5 - g6†   K e4 - d5
5.   e3 - e4† u. Matt.

A.

1. . . . . . .   S d8 - e6
2. T h3 - h1   L g5 - f6 od. n. e3
3. T h1 - d1†   L f6 - d4
4. S g7 - h5 und giebt mit dem nächsten Zuge Matt.

XVIII.

1. d3 n. c4   S g4 - e5 am besten
2. D f3 n. h5   S e5 - d3 (A.)
3. D h5 - e8   beliebig
4. Die Dame giebt Matt.

A.

2. . . . . . .   S e5 n. c4
3. K f5 - e6   beliebig
4. Die Dame giebt Matt.

XIX.

1. L d7 - f5   K e7 - f6 (A.)
2. T a6 - a1   K f6 - e7 (B.)
3. T a1 - a7†   K beliebig
4. Der Thurm od. Springer giebt Matt.

B.

2. . . . . . .   K f6 - g5
3. S d6 - e4†   K beliebig
4. T a1 - h1† u. Matt.

A.

1. . . . . . .   K e7 - d8
2. T a6 - c6   K d8 - e7

3. T c6 - c7† beliebig
4. Der Thurm od. Springer giebt Matt.

XX.

1. S b1 n. c3   K c2 n. d3 (A.)
2. S c3 - d5   K d3 - c4 (B.)
3. D a1 - b1   beliebig
4. Die Dame giebt Matt.

B.

2. . . . . . .   K d3 - e2
3. D a1 - c1   beliebig

Der Springer od. Thurm giebt Matt.

A.

1. . . . . . .   L a6 n. d3
2. S c3 - d5   L d3 - f1 †
3. K g2 n. f1   beliebig
4. Die Dame giebt Matt.

XXI.

1. T b6 n. a6   b7 n. a6 (A.)
2. S d3 - e5   a6 n. b5
3. D d5 - d2   beliebig
4. Die Dame giebt Matt.

A.

1. . . . . . .   D h1 - a1 †
2. T a6 n. a1   T h4 - a4
3. T a1 n. a4   beliebig
4. Der Thurm giebt Matt.

XXII.

1. T c1 n. c4   T e1 - h1 †
4. D f3 n. h1   L a8 n. e4

3. K h2 - g3   D a6 - c8
4. S f4 - d3†   beliebig
5.   f2 - f4 oder T c4 - d4† u. Matt.

XXIII.

1. S e4 - d6†   K f5 - e6
2. S h2 - f3   L g5 n. f4
3.   e3 n. f4   D b1 - g1
4. K e8 - d8   beliebig
5. Springer, Läufer oder Bauer giebt Matt.

XXIV.

1. S f4 - h3†   T d3 - d4
2. S f3 - e5†   S d7 n. e5
3. D c4 n. e6†   T h6 n. e6
4. T h5 - g5†   K g4 - h4
5. T d1 n. d4†   S e5 - g4†
6. K f2 - g1†   T e6 n. e1† u. Matt.

XXV.

1. S b4 - a6†   K c5 - d5
2. T f7 - f2†   T g2 n. g8
3. D b8 n. a8†   T g8 n. a8
4.   e3 - e4†   K d5 - d4
5. T f2 - h2†   K d4 - c3
6. T b6 - b8   T a8 n. b8
7. S d2 - b1†   T b8 n. b1† u. Matt.

XXVI.

1. K e3 - d2†   K e5 - f5
2. S g8 - h6†   K f5 - g5
3. D d8 n. f6†   K g5 - h5
4. T c6 - c5†   b6 n. c5

5.	L b7 - f3†	D a8 n. f3
6.	T e1 - h1†	D f3 n. h1
7.	D f6 - e5†	K h5 n. h6
8.	K d2 - c3	D h1 n. c1† u. Matt.

XXVII.

1.	D a3 - f8†	K g7 - g6 (A.)
2.	T f5 - f6†	K g6 n. g5 (B.)
3.	D f8 - g7†	K g5 - h5
4.	L b1 - g6†	K h5 - g5
5.	T f6 - f5†	e6 n. f5
6.	K g3 - h3†	K g5 - f4
7.	T g2 - g4†	f5 n. g4† u. Matt.

B.

2.	. . . . . .	K g6 - h5
3.	D f8 - h8†	K h5 n. g5
4.	T f6 - f5†	K g5 - g6 am besten
5.	T f5 - b5†	S e3 - f5†
6.	K g3 - f4†	S f3 - g5
7.	K f4 - e5	L a7 - b8† u. Matt.

A.

1.	. . . . . .	K g7 - h7
2.	g5 - g6†	K h7 n. g6
3.	D f8 - g8†	K g6 - h6
4.	D g8 - h8†	K h6 - g6
5.	T f5 - b5†	S e3 - c2
6.	K g3 - f4†	S f3 - g5
7.	K f4 - e5	L a7 - b8† u. Matt.

XXVIII.

1.	c3 n. d4†	K c5 - d5 am besten
2.	c2 - c4†	K d5 - e6 am besten

3. T f3 n. f6†   D e7 n. f6 am besten
4.   d4 - d5†   K e6 - d6 am besten
5. K g2 - f1   D f6 - f4 (A. B. C.)
6. S h6 - f7† und gewinnt im nächsten Zuge die Dame.

A.

5. . . . . . . D f6 - f8
6. S h6 - f7† und gewinnt im nächsten Zuge die Dame.

B.

5. . . . . . . L b8 - c7
6. S h6 - f7†   K d6 - e7
7. b6 n. c7   D f6 - a6
8. d5 - d6† und gewinnt.

C.

5. . . . . . . Df6 n. e5
6. S h6 - f7†   K d6 - c5
7. S f7 n. e5   L b8 n. e5
8. a4 - a5 und gewinnt.

XXIX.

1. S e3 - f5†   K h4 - g5
2. K f3 - e4   L h6 - f8 (A. B.)
3. S f4 - e6†   K g5 - g6
4. S e6 n. f8†   K g6 - f7
5. S f8 - d7   K f7 - e6
6. S d7 - c5†   K e6 - f7
7. K e4 - e3   K f7 - g6
8. K e3 - f4   K g6 - f7
9. K f4 - e4   K f7 - g6
10. S c5 - b7   K g6 - h5

11.	S b7 - d6	K h5 - g4
12.	K e4 - e3	K g4 - h3
13.	K e2 - f3	K h3 - h2
14.	S d6 - c4	K h2 - g1
15.	S c4 - e3	K g1 - h2
16.	S e3 - d5	K h2 - g1
17.	K f3 - e2	K g1 - g2
18.	S d5 - f4†	K g2 - h1
19.	K e2 - f1	K h1 - h2
20.	K f1 - f2	K h2 - h1.

Weiss giebt mit dem 4. Zuge Matt.

A.

2.	. . . .	L h6 - g7
3.	S f4 - e6†	K g5 - g6
4.	S e6 n. g7	K g6 - f7 - g5
5.	K e4 - f3	K f7 - g6
6.	K f3 - g4	K g6 - f7
7.	K g4 - h5	K f7 - g8 am besten
8.	K h5 - h6	K g8 - f7
9.	K h6 - h7	K f7 - f8
10.	K h7 - g6	K f8 - g8
11.	S g7 - e6	K g8 - h8
12.	S f5 - e7	f6 - f5
13.	S e6 - g5	f5 - f4
14.	S g5 - f7† u. Matt.	

B.

2.	. . . . . .	K g5 - g4
3.	S f5 n. h6†	K g4 - h4
4.	S h6 - f5†	K h4 - g5
5.	S f4 - e6†	K g5 - g4
6.	S e6 - g7	K g4 - g5 (C.)
7.	K e4 - f3	K g5 - g6

8. K f3 - g4 und setzt in wenigen Zügen Matt.

C.

6.	. . . . . .	K g4 - h3
7.	K e4 - f3	K h3 - h2
8.	S g7 - e6	K h2 - g1
9.	K f3 - e2	K g1 - g2
10.	S e6 - f4†	K g2 - g1
11.	K e2 - e1	K g1 - h1 am besten
12.	K e1 - f1	K h1 - h2
13.	K f1 - f2 und setzt mit dem vierten Zuge Matt.	

XXX.

1.	D e5 n. g5†	K g6 n. g5
2.	L c5 - e7†	K g5 - f4 am besten
3.	L e7 - d6†	K f4 - e4
4.	T b5 - e5†	K e4 - d4
5.	c2 - c3†	K d4 n. c3
6.	T e5 - e4	T a8 - b8 od. a6 - a5
7.	L d6 - e5†	K c3 - d2
8.	L e5 - f4†	K d2 - c3
9.	T e4 - c4† u. Matt.	

XXXI.

1.	D c2 - d2†	K d4 - c4 (A.)
2.	S f7 - d6†	K c4 - c5
3.	D d2 - c3†	K c5 - b6
4.	D c3 - b4†	K b6 - c7
5.	D b4 - c5†	K c7 - d8
6.	S d6 - f7† und giebt im nächsten Zuge Matt.	

A.

1. . . . . . . K d4 - c5
2. D d2 - c3† K c5 - b6
3. D c3 - b4† K b6 - a7 (B.)
4. D b4 - a5† K a7 - b7
5. S f7 - d6† K b7 - c6
6. D a5 - d5† K c6 - b6
7. D d5 - b5† K b6 - c7
8. D b5 - c5† K c7 - d8
9. S d6 - f7† und gewinnt.

B.

3. . . . . . . K b6 - c7
4. D b4 - c5† K c7 - b7
5. S f7 - d6† K b7 - a6 (C.)
6. D c5 n. a3† K a6 - b6
7. D a3 - b4† K b6 - c7
Weiss gewinnt.

C.

5. . . . . . . K b7 - a8
6. D c5 - c6† K a8 - a7
7. D c6 - a4† K a7 - b6
Weiss gewinnt.

XXXII.

1. S c8 - a7† K c6 - d5
2. L g6 - f7† K d5 - e5
3. L a1 n. d4† K e5 n. d4 am besten
4. S e8 - g7 S b7 - d8

(Auf K d4 - e5 folgt d3 - d4† und gewinnt und auf S d7 - f8 5. e2 - e3† und wenn dann Schwarz K d4 n. d3 spielt, so gewinnt S g7 - h5.)

5. e2 - e3† K d4 n. d3

6. S g7 - h5   S d8 - e6
7. L f7 n. e6   D c5 n. h5†
8. L e6 - g4 u. gewinnt.

XXXIII.

1. S e7 - d5   L f4 - c7
2. L a4 - d1   K b7 - c8 (A.)
3. L d1 - g4†   K c8 - b7
4. L g4 - f5   L c7 - h2
5. S d5 - b6   L h2 - g3
6. S b6 n. a8   K b7 n. a8
7. K b5 - a6 und gewinnt.

A.

2. . . . . . .   L c7 - g3
3. S d5 - b6   L g3 - f2
4. S b6 n. a8   L f2 - g1
5. L d1 - f3   L g1 - f2
6. S c6 - e7 und gewinnt.

Lösungen
zum Bristoler Problem-Turnier.

I.
1. T d1 - h1   L b5 - e8
2. D g6 - b1   beliebig

Die Dame giebt Matt.

II.
1. L g5 - e3†   e6 - e5 (A.)
2. D h5 - d1   beliebig

Dame oder Springer giebt Matt.

A.
1. ......   K d5 n. e4
2. D h5 - g4†   beliebig

Die Dame giebt Matt.

III.
1. S g1 - h3   S b4 - d3 (A. B.)
2. S h3 - f4†   S d3 n. f4
3. D e1 - a1   beliebig

Dame oder Bauer giebt Matt.

A.
1. ......   L h1 - e4

2. D e1 - a1   L e4 - d3 am besten
3.   c3 - c4†   L d3 n. c4
4. S h3 - f4† u. Matt.

B.
1.   ......   S g5 - e4
2. D e1 n. h1   beliebig

Die Dame nimmt den Springer und sagt im nächsten Zuge Matt.

IV.
1. D a3 - a7   S d6 - f5
                 (A. B. C. D. E.)
2. S h2 - g4†   K e5 - e4 am besten
3. D a7 - a8   beliebig

Dame oder Springer giebt Matt.

A.
1.   ......   T b5 n. b7
2. S h2 n. f3†   K e5 - e6
3. S f3 - g5†   K beliebig.

Die Dame sagt Matt.

B.
1.   ......   S d6 n. b7
2. D a7 - d4†   K e5 - e6
3. D d4 - d7†   K e6 - e5

Dame oder Springer giebt Matt.

C.
1.   ......   K e5 - e4
2. S b7 n. d6†   e7 n. d6 am besten
3. T h8 - e8†   T od. L deckt

Die Dame giebt Matt.

D.

1. ...... L g7 - f6
2. S h2 - g4† K e5 - e4
3. T d2 - d4† L f6 n. d4

Die Dame giebt Matt.

E.

1. ...... T b5 - d5
2. D a7 - c5 T d5 n. c5 od. e7 - e6
   od. der König geht.

Weiss giebt in zwei Zügen Matt.

V.

1. D h6 - c1 L c7 - a5
2. T d1 - d4 e5 n. d4
3. D c1 - g5 T f5 n. g5 oder
   L a5 - d8
4. S e2 - c1 beliebig

Der Springer giebt Matt.

VI.

1. L d8 - f6 T f7 n. f6 am besten
2. S d3 - f3† K e4 - d4 am besten
3. D c2 - c1 K d4 - e5
4. D c1 - c7† K beliebig

Dame oder Springer giebt Matt.

VII.

1. T f3 - f5 K e4 n. f5 (A.)
2. c5 - c6 K beliebig

Die Dame nimmt den Läufer und giebt Matt.

A.

1. ...... K e4 - d5

2. T f5 n. c5† K d5 n. d4
3. S e1 - f3† u. Matt.

VIII.

1. D g5 - h5   D h3 - g4 (A.)
2. S d4 n. f5   beliebig
3. Dame oder Springer giebt Matt.

A.

1. . . . . . . L a4 - d1
2. D h5 - f7†   K c4 - c5
3. D f7 - c7† u. Matt.

IX.

1. T e4 - c4   K d5 n. c4 (A.)
2. S b5 n. c3   beliebig
Der Bauer giebt Matt.

A.

1. . . . . . . K d5 n. e5
2. h4 n. g5   beliebig
Der Thurm giebt Matt.

X.

1. L h8 - a1   a4 - a3 am besten
2. L a1 - h8   a3 - a2 (A.)
3. L h8 - a1 und giebt im nächsten Zuge Matt.

A.

2. . . . . . . L f8 - g7
3. L h8 n. g7 und giebt im nächsten Zuge Matt.

XI.

1. T b1 - b6†   c7 n. b6 od. deckt

2. D d1 - a1   T a2 n. a1 (A.)
3. L d2 - c3   beliebig
4.   d4 - d5† u. Matt.

A.

2. . . . . . .   K e6 n. f6
3.   d4 - d5† und giebt im nächsten Zuge Matt.

XII.

1.   d6 - d7   e3 - e2 oder
                 L c8 - b7 (A.)
2. T a2 - a6   L b7 n. a6
3. K f4 - f5   beliebig
Der Springer giebt Matt.

A.

1. . . . . . .   L c8 n. d7
2. T a2 - a6   L d7 - c6 - e6
3. T n. L und giebt im nächsten Zuge Matt.

XIII.

1. T f2 n. f3   K c4 n. d5 am besten
2. T f3 - f6   e7 n. f6 (A.)
3. L c2 - f5   beliebig
Die Dame giebt Matt.

A.

2. . . . . . .   K d5 - e5
3. D g1 - c5†   K e5 n. f6
Die Dame giebt Matt.

XIV.

1. S e4 - d2†   D e7 - e4

2. D g5 - d8   T e8 n. d8 (A.)
2. S d2 - f3 und Weiss giebt im nächsten Zuge Matt.

A.

2. . . . . . .   L h7 - g8
3. S b5 - d4†   K c6 - d6
4.   b4 - b5† u. Matt.

XV.

1. K a5 - b6   K e5 - d5 (A.)
2. S e8 - d6   K d5 - e5 (a.)
3. S e5 - c6†   K e5 - f6
4. D d2 - h6† u. Matt.

a.

2. . . . . . .   e6 - e5
3. D d2 - a2†   K n. S
Die Dame giebt Matt.

A.

1. . . . . . .   L h3 - f1
2. K b6 - c5   L f1 - d3
3. D d2 - e3†   L deckt
Die Dame giebt Matt.

XVI.

1. D g7 n. d7   L e6 n. d7
2. S g6 - e7   L b8 n. d6 (A.)
3. T e1 - e5†   L d6 n. e5
4. L g3 - e1 und giebt im nächsten Zuge Matt.

A.

2 . . . . . .   h2 - h1 D
3. T e1 - e5†   K c5 n. d6
4. T e5 - e2†   K d6 - c5
5. T e2 n. c2† u. Matt.

XVII.

1. D a1 - a4†   K c6 - d5 am besten.
2. D a4 - d7   T d6 n. d7 (A).
3. L c5 n. e7†   S b7 n. a5.
4. T c2 - c5†   K d5 - e6 - e4.
5. T c5 - e5† u. Matt.

A.

2. ...... · d3 n. c2.
3. L c5 n. d6†   S b7 n. a5.
4. L d6 - f4†   K d5 - e4.
Der Springer giebt Matt.

XVIII.

1. D b6 - d8   L g5 n. d8 (A).
2. K h1 n. h2.   beliebig.
3. f2 - f3† u. Matt.

A.

1. ...... K h4 n. h3.
2. D d8 - d3† u. giebt im nächsten Zuge Matt.

XIX.

1. L a4 - e8   S f6 n. e8 (A).
2. T g7 - g5.   beliebig.
Thurm oder Springer giebt Matt.

A.

1. ...... S f6 n. h5.
2. T g7 - g4†   beliebig.
Thurm oder Läufer giebt Matt.

XX.

1. T b5 - a5   K d4 - e4.
2. S g2 - h4   K e4 - d4.
3. S g6 - e7   beliebig.
Thurm oder Springer giebt Matt.

XXI.
1. K g8 - g7   S e3 n. g4 (A).
2. S e2 - f4†   e5 n. f4.
3. T d8 - d6†   L c5 n. d6.
4. L h7 - f5† u. Matt.

A.
1. . . . . . .   L c5 - f8†
2. K g7.- g6   D a3 - e7.
3. L h7 - g8†   D e7 - f7.
4. L g8 n. f7† u. Matt.

XXII.
1. S d7 - e5   g3 - g2†
2. K h1 - g1   L f6 n. e5.
3. D e7 - c5†   beliebig.

Thurm oder Dame giebt Matt.

XXIII.
1. T c7 n. f7†   L d5 n. f7. Am besten.
2. T d8 n. d4†   c5 n. d4.
3. S h7 - f6   T c6 n. f6.
4. D f8 - c8   beliebig.

Die Dame giebt Matt.

XXIV.
1. S b4 - d5   L f6 - g5.
2. L e3 - f5   g6 n. f5.
3. L d1 n. h5 u. Weiss giebt im nächsten Zuge Matt.

XXV.
1. D d5 - g8   K d3 n. e4.
2. D g8 - c8   beliebig.

Die Dame giebt Matt.

XXVI.
1. K b

2. S f8-h7 u. Weiss giebt im nächsten Zuge Matt.

XXVII.
1. S c6-a7   T a8 n. a7.
2. S c4-a3†   L d6 n. a3.
3. D d4 n. a5†   K b5 n. a4.
4. L e4-c6† u. Matt.

XXVIII.
1. D g3-g4   e7-e5.
2. S f5 n. g7   L f8 n g7.
3. S d6-e8   beliebig.
Dame oder Springer giebt Matt.

XXIX.
1. D g4-g2†   K d5-e6.
2. D g2-h3†   beliebig.
Die Dame giebt Matt.

XXX.
1. D b1-b3   T c5-d5 (A).
2. D b3-c2   c6-c5.
3. D c2-b3.   beliebig.
Die Dame giebt Matt.

A.
1. . . . . . .   T c5-c3.
2. D b3-a4†   beliebig.
Die Dame giebt Matt.

Lösungen zum Manchester-Turnier.

I.
1. T e1-c7   T a8-b8. A†B.
2. S d1-e3   L d4 n. e3 (C).
3. S f7-e5.   beliebig.
Der Springer od. Thurm giebt Matt.

A.
1. ...... L d4 - f2.
2. T f1 n. f2   beliebig.
3. S d1 - e3 - e5 u. giebt im nächsten Zuge matt.

B.
1. ...... f6 - f5.
2. S d1 - e3   L d4 n. e3 (D).
3. S f7 - h8.   beliebig.

Der Springer giebt Matt.

C.
2. ...... T b8 - g8.
3. T e7 - e4†   S c3 n. e4.

Der Springer giebt matt.

D.
2. ...... L d4 - e5.
3. T e7 n. e5   beliebig.

Der Springer giebt matt.

II.
1. D b8 - c8   T g7 - a7 (A).
2. D c8 - g4   beliebig.

Der Springer giebt Matt.

A.
1. ...... S b5 - c7.
2. D c8 - b7 u. giebt im nächsten Zuge Matt.

Lösungen zum Birminghamer Turnier.

I.
1. L e4 - f3   K e5 n. f5.

(Auf jeden andern Zug giebt die Dame auf e2 oder e3† und im nächsten Zuge setzt sie oder der Läufer Matt.)

2. D f2 - h2   beliebig.

Die Dame oder der Bauer giebt Matt.

II.

1. T b3 - g3†   K c4 - c5.
2. T g3 - g6   T c1 - e1.

(Auf jeden andern Zug nimmt der Thurm den Bauer und der Springer setzt im nächsten Zuge Matt.)

3. T d7 - c7†   K geht oder S n. T.

Der Springer giebt Matt.

III.

1. D f2 - f4   L c1 - b2.
2. S b5 - d6   L b2 - d4 (A, B).
3. S d6 - e4   beliebig.
4. T c7 - c5†   L - n. c5.

Der Springer giebt Matt.

A.

2. . . . . . .   T h3 - f3.
3. T c7 - c5†   K d5 n. c5.
4. D f4 - c4†   K c5 - b6.
5. D c4 - b5† u. Matt.

B.

2. . . . . . .   T h3 - h4.
3. D f4 n. e3   T h4 - d4 (C).
4. D e3 - f3† u. giebt im nächsten Zuge Matt.

C.

3. . . . . . .   L b2 - d4.
4. D e3 - f3† u. Dame oder Springer giebt im nächsten Zuge matt.

Lösung zum Cambridge-Turnier.

1. L d7 - b5   K e7 - e6 (A. B. C.)
2. D f3 - f5†   K e6 n. f5 oder beliebig.

Matt. Der Läufer oder die Dame giebt Matt.

A.
1. . . . . . .   K e7 - d6.
2. D f3 - f7   beliebig.

Läufer d2 oder die Dame giebt Matt.

B.
1. . . . . . .   K e7 - d8.
2. D f3 n. b7   beliebig.
3. D b7 - d7 oder L d2 - a5† u. Matt.

C.
1. . . . . . .   T a3 - a6 oder T h1 - f1.
2. D f3 n. b7†   K beliebig.

Die Dame giebt Matt.

This book should be returned the Library on or before the last d stamped below.

A fine of five cents a day is incur by retaining it beyond the speci time.

Please return promptly.